눈물

눈물,

장충식 장편소설

nosvos

차 례

이별 뒤의 만남 ──

이대원李大元 대원그룹 회장은 기획실 박상범 실장을 자신의 집무실로 불렀다. 박 실장은 연락을 받자마자 신속히 회장실로 달려가 고개를 숙였다. 이 회장은 반가운 얼굴로 박 실장에게 소파의 자리를 권했다.

"박 실장, 자당께서는 요즈음 어떻게 지내시는가?"

"네, 어머니는 잘 지내고 계십니다."

"건강은 괜찮으시고?"

박 실장은 환하게 웃으며 예의 바르고 또렷한 목소리로 대답했다.

"건강하십니다. 기력이 여전히 좋으셔서 포목점 일로 바삐 지내세요."

"자네 자당을 뵌 지 일 년이 넘었어. 칠순은 지내셨나?"

"네, 올봄이 어머니 칠순이었습니다."

박 실장이 약간 톤을 낮추어 대답하자, 이 회장의 목소리가 한 톤 높이 올라갔다.

"아니, 이 사람아, 그런 일이 있으면 진작 알려줘야지. 이런, 선물이라도 보내야 했는데 내가 무심했구나."

박 실장은 살짝 고개를 숙이며 대답을 했다.

"어머니께서는 아버지도 안 계신 마당에 무슨 칠순 잔치냐고 극구 사양하셨어요. 형수님과 제주도 3박 4일 여행을 조용히 다녀오셨습니다."

"그랬구나. 자주 어머님을 찾아뵙는가?"

"자주는 아니지만 한 달에 두 번 정도 뵙습니다."

"무엇이 그렇게 바쁜가?"

"제 부서에 일이 많습니다. 일감을 집까지 들고가서 처리하기도 하고요."

마침 문이 열리며 비서가 쟁반에 커피를 받치고 들

어왔다. 비서가 테이블에 찻잔을 놓는 동안 이대원 회장은 건너편에 앉은 박상범 실장을 찬찬히 살폈다. 180센티미터가 넘는 훤칠한 키에 양 어깨가 떡 벌어진 체격이 그야말로 늠름했다. 아버지를 닮아서 이목구비가 뚜렷한 호남형에 피부가 깨끗하고 인상이 부드러웠다. 풍모뿐만 아니라 도쿄에서 법학을 전공한 변호사로서 앞으로의 활동이 더욱 기대됐다. 비서가 문을 닫고 나가자 이 회장은 입을 뗐다.

"자네 두 형은 다복한 가정을 꾸려서 살고 있다고 들었네만, 자넨 아직 결혼할 생각이 없나? 올해로 나이가 몇인가?"

"우리 나이로 서른다섯 살입니다."

"처음 봤을 때 초등학교 1학년 소년이었는데, 세월 참 빠르군. 실은 오늘 자네를 부른 건 회사 일이 아닌 집안일로 불렀네."

요목조목 뜯어보는 듯한 이 회장의 시선에 무안한 나머지 눈길을 피하던 박 실장은 다시 정면을 응시했다.

"지금부터 내가 하는 말에 부담 갖지 말고 들어보게."

"네, 알겠습니다."

"혹시 내 딸이 자네에게 미술전에 같이 가자는 편지를 보낸 적이 있었나?"

박 실장은 하마터면 쥐고 있던 뜨거운 찻잔을 그대로 떨어뜨릴 뻔했다. 표정은 태연한 척했으나 손이 부들부들 떨려서 두 손으로 찻잔을 받침대에 내려놓았다. 이 회장이 집안일로 불렀다는 말을 듣자 따님과의 혼담이 아닐까 하는 직감이 들었다. 회장의 딸인 순희가 비서실을 통해 만나자는 편지를 보내온 건 사흘 전이었다.

박상범 실장님께.

안녕하세요. 지금 현대미술관에서 열리고 있는 윤성근 교수님의 개인전을 관람하실 생각은 없으신지요. 바쁘지 않으시면 제가 안내하겠습니다. 윤 교수님은 한국예술대 저의 은사님이세요. 가부간 답신을 기다리겠습니다. 안녕히 계세요.

　이순희 올림

　박 실장은 편지를 보고 다소 의아했다. 먼발치에서
본 적은 있어도 직접 대면한 적이 없는 회장 딸의 전시
회 동행 제안에 어떤 대답을 해야할 지 난감했다. 거절
할 수도 없고 수락할 수도 없었다. 시간을 끌수록 불리
한 일이어서 궁리 끝에 답장을 보냈다.

　윤 화백님의 개인전에 초대해 주셔서 감사합니다.
그러나 제가 회사의 직책을 맡은 지도 얼마 되지 않
았고 최근에 중차대한 기획을 맡아서 연일 야근을 해
야 할 형편입니다. 죄송하지만 이번에 미술관에 가는
일은 어렵겠습니다. 이 상황을 부디 이해해 주시기
바랍니다. 안녕히 계십시오. 박상범

　이 회장의 딸은 외모가 출중할 뿐만 아니라 성격도
쾌활하다는 소문이 들렸다. 다른 한편에서는 그림에

재능이 특출나지만 고집이 세고 성질이 여간 아니라는 말도 돌았다. 최근 재계와 정계에서는 대원그룹의 재력을 탐내어 사돈이 되기를 희망하는 인사들이 여럿인 눈치였다. 상범은 이러한 상황에서 미술관에 동행했다는 소문이 퍼지는 날에는 회장에게 큰 오해를 살까 두려웠다.

이 회장은 찻잔을 들어서 한 모금을 마시고는 미소를 띠웠다.

"그런데 제안을 거절했다며?."

"거절은 아니고 일이 바빠서 이번엔 갈 수가 없다고 했습니다. 다른 뜻은 없습니다, 회장님."

"내 딸 순희가 자존심이 상했나봐. 제딴에는 아버지가 가장 신임하는 회사의 간부라서 요청하면 의례 들어줄 거라고 믿었다가 거절당하니 실망스러웠겠지. 근데 실은 그거 내가 시킨 일이야."

전혀 예상치 못한 말에 상범의 눈이 커졌다.

"네? 회장님이 시키신 일이라면 동행에 동의했을 겁니다."

"지금 건축 중인 직원 연수원에 걸어 놓을 그림이 필요해서 말이야. 윤 교수 전시작 중에서 하나 고르고 싶었네. 그래서 미술평론에 일가견이 있는 자네와 그림 공부를 하는 내 딸이 함께 가서 선택했으면 싶었지."

상범은 눈을 어디에 두어야 할지 모를 정도로 당혹스러웠다.

"아, 죄송합니다. 미리 일러주셨으면 그런 결례를 범하지 않았을 겁니다."

"자네는 대학에서 법학을 전공했을 텐데, 언제 미술 공부를 했기에 그토록 감상과 평론에 조예가 깊은가?"

"어려서부터 미술을 좋아했습니다. 아버지가 일찍 세상을 떠나시고 집안 형편이 어려우니까 직접 그리기를 포기하고 그림 감상을 많이 했습니다."

"아, 그랬구나. 내 딸이 말이야, 미술잡지에 실린 자네 평론을 보고 홀딱 반했다는 거야."

"아닙니다. 별로 흠이 안 잡혔을 뿐이지 아직 한참 미숙합니다."

"우리 집은 아내와 딸이 모두 화가라서 온통 그림으로 가득하지."

이 회장이 약간 어깨를 으쓱하며 싱그레하자 상범도 함께 흥이 났다.

"네, 지도 몇 번 회장님 댁을 방문해서 감상했습니다. 사모님은 주로 화조를 그리시는데 붓 터치의 감각이 섬세하고, 따님은 풍경화를 즐겨 그리는데 불균형적 구도가 독특합니다."

"자네에게 부탁하는데 하루 회사 일을 피해서 내 딸과 윤 교수 전시회에 동행해 주겠나?"

"네, 회장님 분부신데 제가 어떻게 거역하겠습니까. 단지 저 때문에 따님이 화가 나신 듯한데 이제 와서 동행하겠다고 하면 좋아하겠습니까?"

"그것은 나한테 맡기게. 걱정 말고 내가 하라는 대로만 해주겠나?"

"회장님 분부대로 하겠습니다."

"고맙네. 내일 조금 일찍 전시회에 가서 윤 교수의 그림 한 점을 직접 골라보게. 신축 중인 연수원 메인홀에 걸어 놓을 것으로."

"어떻게 제 안목으로만 선택하겠습니까? 사모님과 따님이 화가이신데 저는 그림을 선택할 자격이 없습니다."

"내 아내는 하지 않을 것일세. 자기 그림 외에는 절대로 남의 그림을 추천하는 일이 없어. 내일이 전시회 마지막 날이라네. 미술관이 개관하자마자 윤 교수가 나와 있겠다고 했으니 자네가 가서 선택하게. 나머지는 다 알아서 도와줄 걸세."

"회장님께서는 윤성근 교수님과 막역하시죠?"

"윤 교수와 나, 그리고 자네 아버지는 소학교, 중학교 동기동창이지. 게다가 윤 교수는 내 딸의 대학 스승이야."

상범은 고개를 끄덕이고는 남은 커피를 조용히 마셨다. 그리고 옷깃을 단정하게 여미며 말했다.

"회장님, 분부하신 대로 전시회에 다녀오겠습니다. 그림은 교수님과 따님과 상의해서 선택하겠습니다."

상범이 집무실에서 나가자 이 회장은 바로 윤 교수

에게 전화를 걸었다. 그리고 순희가 상범의 거절로 속이 상해서 두문불출한 사연을 다 얘기했다. 윤 교수는 순희의 전공 지도교수였기 때문에 누구보다 그녀의 성격을 잘 알았다. 이름과는 달리 성질이 급하고 외향적이면서 고집이 강했다. 그러나 윤 교수 말은 한 번도 거역하는 일이 없었다.

안 그래도 윤 교수는 전시회 첫 날부터 관람객을 안내하고 그림 설명에 열심이던 순희가 며칠 전부터 아무 소식이 없어 궁금하던 차였다. 이유를 듣고나니 너털웃음이 나왔다.

"이 회장, 자네 딸 순희도 퇴짜 맞는 일이 있군. 자네 말뜻을 잘 알겠어. 걱정 말게. 내가 불러내서 상범 군하고 만나도록 하겠네."

*

다음 날 아침, 미술관에 일찍 나온 윤 교수는 사무실에서 순희에게 전화를 걸었다. 그러나 전화를 받지 않아서 이 회장 부인의 번호를 눌렀다.

"형수님, 안녕하세요? 저 윤성근입니다."

"네, 안녕하세요. 오늘이 전시회 마지막 날이죠? 그러잖아도 가려고 하던 참인데요."

"순희가 전화를 받지 않아서 이렇게 연락을 드렸어요."

"꼭 가보라고 해도 심술이 났는지 방문을 잠그고 밥도 안 먹고 부모 속을 뒤집어놓네요."

"거 참, 속이 많이 타시겠어요."

"아산 도고마을 느티나무 집 아시지요?"

"네, 잘 알지요. 전 과수원집 아닙니까."

"맞아요. 그 집 막내아들 상범이가 몇 달 전 우리 회사로 전근을 왔는데, 글쎄 당장 내쫓으라는 거예요."

"상범이를 왜요?"

"우리 애가 윤 화백님 전시회에 가자고 청했다가 거절을 당했나봐요."

"바쁘면 그럴 수도 있지요. 순희에게 제 전화 받으라고 해주세요."

이 회장의 부인은 수화기를 내려놓고 순희 방문을 두드렸다. 그리고 크게 외쳤다.

"얘, 윤 교수님 전화 왔어. 빨리 나와서 받아!"

며칠간 방문을 잠근 채 두문불출하던 순희는 침대에서 일어나더니 문을 열었다. 그리고 서실로 나와서 수화기를 들었다. 목소리는 다 죽어갈 듯 힘이 없었다.

"네, 교수님이세요⋯⋯."

"너 몸살이 났다고 들어서 며칠간 연락을 안 했다. 근데, 네 아버지가 너 꾀병 다 났다고 해서 전화를 걸었어."

"선생님, 죄송해요. 꾀병이 아니에요. 몸살이 났어요. 지금 많이 좋아졌습니다. 준비하고 곧 나갈게요."

순희는 수화기를 내려놓자마자 외출 채비를 했다. 막상 지도교수님의 호출을 받으니 몸과 마음이 급해졌다. 어머니에게 그렇게 반항하던 순희는 윤 교수의 전화 한 통에 꼼짝을 못하고 집 밖으로 달려나갔다.

미술관의 사무실에서 수화기를 내려놓은 윤 교수는 옆에 서 있는 박상범에게 조용히 물었다.

"자네는 뭘 그렇게 냉정하게 거절했나?"

"냉정히 거절한 게 아닙니다. 일이 밀려서 직원들과 여러 날 야근을 하는데 근무시간에 저만 전시장에 갈 수가 없었습니다."

"야, 이 바보야, 그러니 네가 순희의 자존심에 상처를 주었지. 순희 아버지가 시킨 일인데."

"죄송합니다. 결과적으로 제가 경솔했습니다."

"야, 네 아버지와 나 그리고 이 회장은 같은 해 한 동리에 태어나서 소학교, 중학교를 같이 다닌 동기동창이야. 성만 다르지 우리는 친형제나 다름없이 자랐지. 내 생일이 제일 먼저라 형이고 다음이 이 회장이고 네 아버지가 12월에 태어나서 막내였지. 안타깝게도 네 아버지가 먼저 세상을 떠났지만.."

"네 저도 어머니한테서 들어서 다 알아요."

"다 한 집안 같은 사이인 줄 알면 순희가 가자고 할 때 같이 가줘야지. 남도 아닌데 야박하게."

"집안끼리는 그렇다지만 저는 한 번도 순희 씨를 제대로 본 적도 없는데 연락이 왔다고 어떻게 무턱대고 같이 갑니까. 그리고 회사 내에서 아주 이상한 소문이 돌고 있어서……."

"이상한 소문이라니, 무슨 소문?"

"아닙니다. 다음에 얘기하겠습니다."

"이 사람아, 말하다 말고 왜 말꼬리를 잘라! 답답하게. 말해봐. 무슨 소문이야."

상범은 사방을 둘러보고는 화백의 재촉에 못 이겨서 말을 이었다.

"회장님의 요청으로 몇 개월 전 이 회사로 자리를 옮겼는데, 사원들이 저를 보고 회장의 사위 될 사람이라고 수군덕거리는 거예요. 소문을 듣고 나니 회사 다니기가 여간 거북한 게 아닙니다. 그런데 제가 순희 씨와 전시회에 같이 가면, 그 헛소문에 날개가 붙어 날아다닐 거 아닙니까?"

"그렇군. 사정은 알겠으니 조금 있다 순희가 오면 미안하다고 사과하고 오해를 푸는 게 좋겠네."

상범의 고향은 온양이다. 상범 위로 두 형과 누나가

있었다. 사남매가 모두 공부를 잘했지만 그 중 상범은 단연 수재였다. 상범이 열 살 되던 해, 아버지가 갑자기 세상을 떠나셨다. 어머니가 졸지에 생계를 책임져야 했는데, 사남매를 한꺼번에 맡기 힘들어서 막내 상범만 외가에 맡겨졌다.

이 회장 집안은 대대로 큰 한약방을 경영해 집안이 넉넉했고 상범의 아버지 집안은 가난했지만 어려서부터 단짝으로 친형제처럼 지냈다. 상범의 아버지 박천수는 학업 성적이 뛰어난데다가 체격도 장대하고 권투를 배워 싸움으로도 알아줬다. 온양온천 역전에 주먹 쓰는 패거리들이 이대원만 보면 못살게 괴롭혔는데, 박천수가 패거리를 혼내고부터 그런 일이 없어졌다. 박천수와 주먹싸움에서 이길 수 있는 건달은 없었기 때문이다. 고등학교를 졸업하고 이대원은 대학에 진학하기 위해 서울로 상경하고 박천수는 집안이 어려워 대학을 포기하고 고향에서 농사를 지었다.

이 회장은 제약회사와 의료기 수입과 생산 판매로 사업에 크게 성공했다. 상범의 아버지가 심장마비로 돌아가신 후 이 회장이 상범의 가족을 경제적으로 후원했다. 상범의 어머니에게 온양 시장에서 목이 좋은 곳에 주단 가게를 마련해 주었다. 어머니가 시집오기 전 포목점에서 일한 경험이 있어 주단 가게 운영을 잘해서 상범의 집은 경제적으로 안정이 되었다.

상범의 누나 상희는 서울간호대학을 졸업하고 대학병원 간호사로 취업했다가 병원 의사와 결혼해 두 아들을 두었다. 큰형 상진은 고등학교를 졸업하고 한성의대에 입학했다. 졸업 후 미국으로 유학을 가서 예일대학교 대학원에서 박사학위를 받고 의사가 되었다. 미국에서 결혼해 아들 하나를 낳고 귀국한 후 한성의대 교수로 재직 중이다. 둘째 형 상태는 서울상대에서 회계학을 전공하고 공인회계사 시험에 합격하여 재무부에 취직하였다. 그리고 이대원 회장의 중매로 대광종합병원 원장의 둘째 딸과 결혼하여 남매를 낳았다. 상태의 부인은 근화대 약대를 졸업해서 약국을 운영했다. 상범은 그림 그리기를 좋아하고 미대 진학을 꿈꾸었으나, 어머니의 반대로 법대에 진학해 변호사가 되었다.

　상범의 형제들을 친자식처럼 키워 준 이 회장에게
는 큰 아픔이 있었다. 두 아들을 일찍 잃은 것이다. 세
남매를 두었던 이 회장은 아이들 여름 방학에 두 아들
을 데리고 제주도에 낚시하러 갔다가 배가 전복하는
바람에 두 아들을 잃었다. 막내딸 순희는 너무 어려서
데리고 나서지 않았던 까닭에 무사했다. 두 아들을 잃
고 교회에 나가며 슬픔을 이겨낸 이 회장은 세상을 떠
난 고향의 죽마고우 박천수의 사 남매에게 정과 사랑
을 쏟았던 것이다. 이 회장은 그 중 넷째인 상범을 가
장 사랑했다. 상범은 타고난 성품이 착하고 나이에 비
해 어른스러웠다. 이 회장이 한 번 씩 자리를 마련해
같이 밥을 먹을 때도 맛있는 반찬은 먹지 않고 티 나지
않게 형들과 누나에게 양보했다. 헤어질 때도 늘 감사
의 인사를 잊지 않는 상범이 이회장은 기특했다.

　오래 걸리지 않아서 순희는 전시장으로 황급히 들
어섰다. 순희는 그림을 보며 담소를 나누는 교수님과

상범을 보고는 깜짝 놀라서 돌아서 나가려고 했다. 이를 본 윤 교수가 순희를 불렀다.

"순희야, 왜 나가니? 이리 오지 않고."

"교수님, 안녕하세요. 바쁘신 것 같아서 나가 있으려고요."

순희는 어색한 지 상범에게 눈길을 주지 않았다. 상범 또한 머쓱한 표정으로 순희를 보고 가볍게 목례를 했다. 윤 교수가 어색한 분위기를 풀어보려고 나섰다.

"네 아버님이 회사 연수원에 걸어 놓을 그림을 너와 상의해 보내달라고 하시네. 내 그래서 불렀어."

"교수님, 제가 뭘 안다고요. 교수님 작품은 교수님이 더 잘 아시지요."

"순희야, 마침 잘됐다. 네가 여기 온 김에 소개해 줄 사람이 있어."

"네? 누굴요?"

"누군 누구야. 바로 이 사람이지. 박상범 군이네. 네가 편지 보낸 사람이야."

초면이라 서로 서먹하게 인사를 나누었다. 상범은

분위기를 풀어보려는 윤 교수가 고마워 가벼운 미소를 지으며 지난 편지 건에 대해 먼저 사과했다.

"지난번 제가 결례가 많았습니다. 뵌 적이 없는 분이라 동행을 주저했습니다. 죄송합니다."

이번에는 순희가 입을 열었다.

"아니에요. 제가 사과를 받을 입장이 아니고 사과할 입장입니다. 실장님 상황도 모르고 아버님 말씀만 따라 일방적으로 편지를 보냈습니다."

윤 교수가 두 사람 사이에 끼어들어 두 사람의 말을 단호히 잘라 버렸다

"이젠 지난번 일에 대해서는 다 잊어버리게. 만남의 절차에 약간 차질이 생겨서 그런 것이니. 아버지들이 친형제 같은 사이이니 사실 너희들은 이렇게 예의 따지는 남남이 아니지."

토라졌던 순희의 감정도 상범을 보자 순식간에 사라졌다. 소문대로 보기 드문 미남이었다. 예민한 감성과 관찰력을 가진 순희는 윤 교수의 그림 설명을 듣는 듯했지만 실은 온몸의 감각이 상범에게 쏠려 있었다.

만난 지 얼마 안 되었지만 순희는 상범에게 이런저런 말을 걸었다. 과묵한 편인 상범은 순희가 묻는 말에만 대답을 했다.

"교수님, 제가 고르고 싶은 그림에는 대부분 빨간 딱지가 붙었네요. 이미 팔린 *거죠*?"

"그래 맞아. 그런데 빨간 딱지 두 개 붙어 있는 것이 몇 개 있지. 그건 내가 보관할 것이야. 그 중에서 골라라."

순희는 한라산 설경 앞으로 몇 걸음 걸어가더니 어떠냐는 듯 상범을 바라보았다. 순희의 얼굴은 미술관에 들어설 때의 쌀쌀함이 사라지고 어느새 미소가 가득했다. 상범이 고개를 끄덕이며 시계를 보니 한 시간 반이 훌쩍 지나 있었다.

윤 교수가 입을 열었다.

"그럼 순희가 고른 한라산 설경을 가져가도록 하게. 사실 저 그림은 달라는 사람이 많았지만 순희 아버지에게 주려고 팔지 않은 작품이야."

마침 점심시간이 가까워지자 윤 교수의 제안으로

근처의 중국식당 '산해관'으로 자리를 옮겼다. 둥근 테이블에 둘러앉아 따뜻한 우롱차를 마시자 세 사람 사이에 흐르는 분위기가 한층 부드럽고 정겨웠다. 윤 교수가 얼굴에 웃음을 지으며 말했다.

"오늘 전시작 중에서 내가 가장 좋아하는 그림을 너희 둘이 골랐으니 마음이 흡족하구나. 제주도 출신 사업가 몇 분이 그 그림을 팔라고 졸랐지만 팔지 않고 너희 아버지한테 보내게 돼서 기분이 좋다."

순희는 다행이라는 듯 윤 교수를 향해 미소를 지었다. 그리고 시선을 돌려서 상범에게 말을 걸었다.

"식사 끝나고 저에게 시간을 좀 주시겠어요?"

"무슨 일로요? 회사 일입니까?"

"아니에요, 우리 두 사람의 일이에요."

상범은 목소리의 톤을 낮추며 말끝을 약간 흐렸다.

"글쎄요…… 생각을 좀 해야겠는데요. 우리가 오늘 처음 만났는데 우리 두 사람의 일이라는게 좀……."

"그냥 저에게 시간을 좀 주세요."

순희는 약간 몸이 달았다. 상범과 오늘 이렇게 헤어

지면 다시 만날 수 있을 것 같지 않았다. 윤 교수는 이 회장에게서 들은 얘기가 있어서 두 사람의 대화를 짐작하면서도 모른 척했다.

주문한 음식이 나와서 식사를 하면서도 순희는 눈치채지 않게 상범을 살폈다. 순희가 이제껏 본 적이 없는 호감형의 남자였다. 상범은 말을 아끼고 조용히 윤 교수의 말에 집중했다. 윤 교수가 상범에게 나이를 물었다.

"자네 올해 몇인가?"

"서른다섯 살입니다."

"자네 누나와 형들은 다들 결혼했지 않은가. 그런데 자넨 왜 아직도 총각이야."

"아직 결혼할 생각은 없습니다. 회사 일이 워낙 많은데다 결혼할 준비도 해놓지 않는 상태입니다."

"지난봄에 고향에 갔을 때 자네 모친을 만났는데 자네 사귀는 여자가 있다고 들었어."

이 소리에 순희의 표정이 굳어졌다. 세 사람 사이에는 잠시 침묵이 흘렀다. 상범은 창밖을 내다보다가 낮게 중얼거렸다.

"저 세상으로 갔습니다."

"사귀는 여인이 있었는데 세상을 떠났다고?"

"네."

간신히 입을 뗀 상범은 그 자리에 더는 앉아 있고 싶지 않았다. 첫사랑 진선이가 세상을 떠난 후로는 상범의 성격에 많은 변화가 일어났다. 그토록 사랑했던 여인, 자기 목숨을 내주어도 아깝지 않았던 진선이가 세상을 떠난 후로는 과묵해졌다. 진선이 생각이 나면 숨어서 흐르는 눈물을 닦아야 했다. 친한 친구들은 졸지에 연인을 잃은 상범의 성격 변화를 이해하지만 그렇지 않은 사람은 오해하기 쉬웠다. 특히 회사에서는 말 없는 사람으로 통했다.

식사가 끝나자 상범은 회사에 빨리 돌아가야 한다고 자리에서 일어났다. 윤 교수는 속사정도 모르고 죽은 연인을 화제에 올린 것이 무척 미안했다. 순희는 상범에게 세상을 떠난 연인이 있었다는 말에 가여운 마음과 함께 죽음의 사연에 대한 궁금증이 일었다. 상범은 어떤 사람일까, 하는 호기심이 이상하게도 상범에게는 어떤 여인이 있었을까, 하는 의문으로 번져갔다.

"박 군, 미안하네. 자네에게 그런 아픈 상처가 있는 줄은 전연 몰랐어. 회사 일이 바쁘면 먼저 가게나."

"교수님, 죄송합니다. 먼저 일어날게요. 용서하십시오."

그는 윤 교수에게 정중하게 인사하고는 이내 순희에게도 먼저 일어나 죄송하다는 인사를 잊지 않았다. 순희가 입을 열었다.

"박 실장님, 차 한잔 할 시간만 내주시겠어요. 잠깐이면 돼요."

순희는 약간 쑥스러운 표정을 지었다. 상범은 내키지 않았지만 회장님 딸의 청이라 거절할 수 없었다. 순희는 길 건너 커피숍으로 앞장서서 걸어갔다. 순희와 마주 앉은 상범은 할 말이 없었다. 잠자코 그녀의 말을 기다렸다.

"박 실장님, 저는 여러 종류의 미술 잡지를 매달 보

고 있어요. 박 실장님의 여러 비평도 빠짐없이 읽고 있죠. 그런데 그 비평을 쓰신 분이 아버지 회사의 법무실장인 줄은 몰랐네요. 필명을 쓰셔서 같은 분이신 줄 짐작도 못했어요."

"그렇습니까. 제 글을 읽어 주셔서 감사합니다. 아직은 많이 미숙합니다."

커피를 마시며 순희는 상범을 살짝 보았다. 보면 볼수록 눈길을 떼기가 어려웠다. 순간 자신도 모르게 얼굴이 붉게 달아올랐다.

"혹시 그림도 그리세요?"

"가끔 그려요. 회사 일이 워낙 많아서 집에서도 일 처리를 하기 때문에 저녁에도 시간이 안 나요."

"그러면 언제 그리세요."

"회사 일이 없는 주말에 붓을 좀 잡지요."

"언제부터 그림을 그리셨어요?"

"어려서부터요. 초등학교에 들어가서부터 배우기 시작했어요."

"초면에 너무 많은 것을 물어서 죄송해요."

"아닙니다. 어려운 질문도 아닌데요. 제 그림에 대해서 물어본 사람도 없었어요."

상범은 처음 순희를 만났을 적에는 별로 느낌이 없었다. 그러나 첫인상과 달리 대화를 하면 할수록 다정한 면이 많이 보였다.

"실장님 글을 보면 그림에도 재능이 남다를 듯한데 왜 미술이 아니라 법학을 전공하셨어요?"

"여러 사정이 있습니다만 첫 번째는 경제적인 이유 때문이지요."

"실장님 재능이라면 후원자가 있었을 법한데요. 당장 우리 아버지가 아셨더라도 후원해 주셨을 텐데요."

"미술로 성공한다는 것은 확실성이 없습니다. 죽어라 하고 열심히 해도 그림 애호가들의 눈에 벗어나면 평생 건달이 될 수밖에 없지요."

"우리 아버지의 후원을 받고 미술을 했더라면 아주 멋진 화가가 되셨을 텐데요."

"벼룩도 낯짝이 있어야지요. 회장님은 우리 두 형님과 누나와 어머니를 얼마나 많이 도와주셨습니까. 우리 집안이 다시 일어난 것도 회장님의 은덕입니다."

순희는 상범에게 듣고 싶은 얘기가 많았지만 그가 시계를 자꾸 보는 것이 마음에 걸려서 그만 자리에서 일어났다.

"실장님 시간을 너무 빼앗은 것 같네요. 오늘은 이만 하고 다음에 만날 약속을 해주시겠어요?"

"네, 회사에 가서 사정을 보고 연락드리겠습니다."

순희는 택시를 잡으러 밖으로 뛰어나가는 상범의 뒷모습을 바라보면서 혼잣말로 중얼거렸다.

"정말 멋있는 남자네. 놓치기엔 아까운 사람."

상범은 택시 문을 열고 오르는 순간 뒤를 돌아보았다. 웃으면서 손을 흔드는 순희에게 상범도 손을 흔들었다.

*

상범은 회사에 들어와서 비서실로 전화를 걸었다.

"그 사이에 회장님이 저를 찾지는 않았나요? 혹시

저를 꾸짖은 일도 없었고요?"

비서는 의아한 듯 다시 물었다.

"무슨 말씀이세요? 회장님이 왜 실장님을 꾸짖으세
요? 밖에서 무슨 안 좋은 일이라도 있으셨어요?"

"아, 아니에요. 제가 회장님 심부름 나갔다가 시간
을 너무 지체해서요. 잘 알겠습니다."

수화기를 내려놓은 상범은 두 손바닥으로 얼굴에
마른 세수를 했다. 점심 식사 이후로 상범은 진선을 떠
올리지 않을 수 없었다. 진선이 혈액암으로 투병하다
가 비관 자살한 후로는 세상 모든 것이 슬프게 보였다.
그녀가 떠오르면 눈물부터 났다. 친구들이 위로 모임
을 만들고, 여기저기서 초대가 와도 매사가 귀찮아서
사양하는 게 일이었다.

퇴근 무렵, 이 회장의 집무실로부터 호출이 왔다.

"회장님 부르셨습니까?"

"어서 와서 앉게. 윤 교수의 그림 중에서 어떤 걸 골
랐나?"

회장은 소파의 가까운 자리를 권했다.

"저야 그림에 대한 안목이 없어서 따님보고 선택하라고 했습니다. 교수님도 따님이 고른 작품이 가장 애정하는 그림이라 회장님께 드리게 되어 기뻐하셨습니다."

"아, 그래. 어떤 그림인데."

"네, 제주도 한라산 설경인데 기운이 맑고 호방합니다."

"내 딸이 보여줘서 읽어 봤네만 자네 이번에 최정순 화가의 개인전 작품 평론이 훌륭하던걸. 그림에 소질이 있는 줄은 알았지만 바쁜 법학도가 그림에 대한 안목이 상당하더군."

"부끄럽습니다. 아직 토막지식이라 더 많이 배워야 합니다. 투고를 했는데 잡지사에서 잘 봐줘서 실어준 것 같습니다. 회장님께서 그 글을 보실 줄은 몰랐습니다."

상범은 비밀이 밝혀진 듯 쑥스러웠다.

"아내가 잡지를 들고 왔어. 아내와 딸 모두 화가니까 나도 그림은 웬만큼 볼 줄 알지."

"저도 화가가 꿈이었습니다. 학비야 회장님께서 장학금을 주셔서 큰 걱정이 없지만, 어머니가 화구와 물감 등은 무슨 수로 감당하냐며 극구 반대하셔서 불효자가 되고 싶지 않았습니다."

이 회장은 상범의 손을 잡고 위로를 했다.

"내가 그 사정을 깊이 알아서 잘 이끌었어야 했는데, 아쉽구나. 그러나 이제 자네는 유능한 변호사가 되지 않았는가?"

상범은 힘없이 고개를 끄덕였다. 이 회장의 눈빛이 문득 애잔해졌다. 회장은 그저 아버지 친구로 돌아가 박 실장의 이름을 다정하게 불렀다.

"근데 상범아, 전과 달리 얼굴빛이 안 좋아 보이는데 무슨 걱정이라도 있어? 아니면 어디 아픈 데라도 있는 건가?"

"아닙니다. 걱정도 없고 건강합니다."

"아니야, 너 나한테 숨기는 게 있는 것 같아. 안 그래도 이 회사에 온 후 네가 우울해 보여서 괜한 욕심으로 너를 불렀나 싶어 걱정했었다. 그런데 윤 교수 말을 들으니 다른 일이 있더구나. 윤 교수가 네가 걱정이 됐는지 낮에 전화를 했어. 너와 사귀는 여인이 있었는데 세상을 떠났다면서?"

상범은 회장의 말을 듣고 순간 눈물이 왈칵 쏟아지려 했다. 두 사람 사이에 침묵이 흘렀다.

"네, 그렇습니다. 작년에 세상을 떠났습니다."

이 회장은 말문이 막혀서 더 물을 수가 없었다.

"이런, 그런 가슴 아픈 일이 있었구나. 젊은 사람이 왜 그렇게 일찍……."

"혈액암으로 세상을 떠났습니다. 부모 없이 고아원에서 자란 사람이에요. 형제자매도 없고 제가 유일한 친구이자 오빠 같은 사이였어요."

상범은 얼굴을 들지 못하고 고개를 숙였다. 눈물이 양쪽 볼을 적시며 흘러내렸다. 이 회장은 상처를 더 아프게 한 것 같아서 미안하다는 말을 거듭하면서 상범의 손을 꼭 잡아주었다.

"괜한 말을 꺼내어 미안하네. 이제 죽은 사람은 다시 살아날 수도 없으니 단명한 운명은 하늘의 뜻이라 생각하고 굳게 마음먹고 건강을 생각하게나."

회장실에서 나온 상범은 사무실로 돌아오자 의자에 털썩 주저앉았다. 그리고 책상 서랍에 간직한 진선의 사진을 꺼냈다. 북한산에 등산 갔을 때 찍은 것이었다. 이제 다시는 볼 수 없는 그녀의 해맑은 미소를 마주하자 그는 그것을 가슴에 품고 두 눈을 질끈 감았다.

진선을 사랑할 때조차 스스로가 이럴 거라고 전혀 예상치 못한 일이었다. 잊으려 해도 도무지 잊을 수 없는 사랑이 상범의 가슴에 새겨져 있었다. 진선을 회상하면 회상할수록 미치도록 그녀가 그리워졌다. 변호사가 되자 어머니와 친척들은 좋은 신붓감을 중매 서준다고 재촉했지만 선보는 일 자체를 거부하였다.

진선이 없는 세상을 홀로 살아갈 자신이 없었다. 이 현실에서 잊을 수 없다면 차라리 머리를 깎고 산으로 들어가고픈 욕망에 시달렸다. 그러다가도 고생하면서 자기를 낳아주신 어머니와 어려서부터 형제자매를 돌봐준 이 회장의 은혜를 생각하면 세상을 등지는 길은 배은망덕의 소행이라는 생각에 고개를 가로저었다.

겉으로는 아무 일 없는 듯 상범은 출근하여 회사 일에 전념하였다. 그러나 상범은 식욕을 잃은 상태가 지속되면서 몸이 무척 수척해졌다. 만나는 사람마다 어디 아프냐고 묻는 말에 출근하기가 거북했다. 상범은 회사에 며칠간 병원에서 종합진단을 받겠다고 말하고 휴가를 얻었다.

사랑의 아픔

다음날 상범은 해원병원을 찾아갔다. 일본 도쿄에서 유학을 마치고 귀국하는 길에 교통사고를 당해서 장기간 입원했던 곳이었다. 진선이 너무 그리운 나머지 그녀와 사랑이 시작된 곳으로 무작정 발걸음을 옮긴 셈이었다. 눈에 익은 병원의 구석구석을 보니 진선이 금방이라도 어디선가 나타날 듯했다. 곳곳에서 진선의 동료 간호사들이 상범을 알아보고 무척 반가워했다. 정형외과 병동에 들어서자 오자연 간호사는 상범을 반갑게 맞이했다.

"박 변호사님, 웬일이세요? 그 새 어떻게 지내셨어요?"

"사는 것이 말이 아니지요. 오늘 휴가를 냈어요. 진선의 산소를 찾아가기 전에 진선이와 가장 친했던 간호사님을 뵙고 싶었어요."

"고마워요. 여기 병원 식구들은 박 변호사님이 얼마나 힘드실까, 다들 걱정했어요."

"간호사님을 보니 반은 진선이를 본 것 같아서 많이 위안이 됩니다."

상범이 오 간호사를 바라보는 표정은 밝으면서도 어두웠다. 그녀를 만나자 셋이서 함께 했던 지난 시절이 더욱 생생하게 다가왔다.

"진선이와 고아원에서부터 친자매처럼 의지하며 살았는데 걔가 죽은 후로는 슬프고 외로워서 견딜 수 없었어요. 한동안 잠을 자지 못했어요. 그러니 박 변호사님은 어땠겠어요."

"이렇게 만나니 슬픔이 한결 덜어지네요. 이제 간호사님을 보러 종종 올까요."

"정말요? 마침 근무 마치고 숙소에 가려던 중인데 진선이 묘소에 같이 가도 될까요?"

"동행해 주신다면 고맙지요. 진선이가 하늘에서 기뻐할 거예요."

상범은 자연을 옆 좌석에 태우고 용인공원묘지로 차를 몰았다. 한동안 운전만 하던 상범이 입을 열었다.

"이 길을 갈 때마다 울적했는데 오늘은 곁에 자연 씨가 있으니 마음이 훨씬 진정됩니다."

"저도 그래요. 진선이 묘소에 언제쯤 가나 생각만 많았거든요. 오늘 박 변호사님을 만나서 이렇게 가니 다행입니다."

"진선이와 함께 지낸 지가 얼마나 되었어요?"

"고아원에서 18년, 간호대학에서 4년, 병원 기숙사에서 6년을 함께 지냈으니 태어나서 28년을 같이 살았네요. 진선이가 세상을 떠나자 저도 살고 싶지 않았어요."

상범은 자기도 모르게 눈물이 차올라서 시야가 흐려졌다. 운전대를 잡은 손을 번갈아 떼며 눈가를 훔쳐 내는 상범을 보자 자연은 팔을 뻗어서 손수건으로 그의 뺨을 닦아 주었다.

교통사고로 두 달 간 입원한 상범을 오롯이 돌봐준 간호사는 진선과 자연이었다. 교대로 당번을 하면서 하루는 진선이가 다른 날은 자연이가 간호를 해주었다. 진선은 외향적인데 반에 자연은 내성적인 경향이 강했다. 지연은 상범에게 마음이 끌렸지만 환자 이상으로 대하지는 않았다.

상범은 여러 차례에 걸쳐 큰 수술을 받았지만 돌아보면 그 기간이 가장 행복했다. 그전에는 공부하느라 이성에 대해 생각할 겨를이 없었다. 늘 미소를 지으며 친절하게 간호하는 진선에게 상범은 감사한 마음이 쌓이면서 다른 한편으로 이성에 대한 연정이 들기 시작했다.

자연은 업무 외에 환자 입원실에 들어오는 일이 없었다. 그러나 진선은 토요일과 일요일, 병원이 쉬는 날에도 케이크나 과일을 들고 방문했다. 하루는 상범이 진선에게 물었다.

"얼마나 더 오래 입원해야 하나요?"

"수술한 부위에 새살이 돋을 때까지요."

"그게 얼마나 걸리죠?"

"과장님 말씀은 보름은 더 계셔야 한대요. 병실에 계신 것이 지루하세요?"

"아니요. 아주 좋아요. 보름은 너무 짧습니다. 앞으로 한 달 정도는 더 입원하면 좋겠어요."

그 대답에 진선은 깜짝 놀라서 물었다.

"입원한 지 두 달이 되어가요. 하루하루가 지겨울 텐데, 더 있으면 좋겠다니요? 환자한테서 처음 듣는 말이에요."

"특별한 뜻이 있어요."

"특별한 뜻이라니요?"

상범은 활짝 웃으면서 일부러 다른 곳을 보았다.

"여기 있으면 매일 진선 씨를 볼 수 있어서 행복하지요. 그런데 완치되고 퇴원하면 진선 씨를 볼 수 없잖아요."

"퇴원하면 주말에 만나면 되지요."

상범의 눈이 커지며 얼굴에 빛이 들어왔다.

"그러면 제가 퇴원한 다음에 데이트를 청하면 들어

줄 건가요?"

"물론이지요."

상범은 진선의 눈을 가만히 바라보며 말했다.

"진선 씨, 좋아합니다. 정말 좋아해요."

가슴에 품었던 말을 하고 나자 상범은 얼굴이 화끈거렸다. 진선은 약간 당황하면서도 가슴 속에서 피어나는 기쁨을 어찌할 수가 없었다. 상범은 웃으며 물었다.

"혹시 진선 씨는 남자 친구가 있어요?"

"남자 친구라니요? 없어요. 늘 환자 간호하느라 남자 친구 사귈 시간이 있나요."

"참 좋습니다. 남자 친구가 있으면 어쩌나, 걱정했는데 한시름 놓았어요. 제가 진선 씨의 친구가 되고 싶은데 자격이 될까요?"

"되고 말고요. 저는 변호사님을 그동안 환자로 보지 않고 저의 오빠처럼 생각했어요."

진선의 뺨이 붉어졌다.

"매일 아침 진선 씨가 혈압을 재주고 몹시 아플 때

는 진통제를 놔주고 정성스럽게 간호하는 걸 보며 행복했어요. 이성에 대한 감정을 느꼈어요."

이성에 대한 감정을 느꼈다는 말을 듣는 순간 진선의 가슴 속에서 뜨거운 뭔가가 울컥했다. 혼자만 박 변호사를 짝사랑하는 게 아니어서 다행이었다. 매일 진선도 병실을 드나들며 박 변호사를 사모하는 정을 가슴 가득 품고 나왔다. 그런 날은 집에 가면 더 외로움을 느꼈다. 잠자리에 누워도 그에 대한 그리움으로 뒤척이는 날이 잦았다.

드디어 상범은 퇴원해도 좋다는 통보를 받았다. 주치의와 수련의가 간호사 진선과 함께 병실에 들어왔다. 치료 과정과 수술 경과 모두 양호하다는 설명이었다. 병원장의 퇴원 허가서를 진선이 병실로 가지고 왔다. 진선은 웃으면서도 헤어짐이 아쉬운지 눈가가 촉촉했다.

"저는 퇴원하고 싶지 않은데요."

"네? 퇴원하고 싶지 않다니요?"

상범은 진선의 손을 꼭 잡았다. 그녀의 입술에 키스를 하고 싶었다.

"상처는 완치되었는지 몰라도 입원 이후에 마음의 병이 생겼어요. 진선 씨 때문에 생긴 병입니다."

진선은 말뜻을 못 알아들은 척 다시 물었다.

"왜 저 때문에 마음의 병을 얻었다고 하세요?"

"사실인걸요. 진선 씨를 하루라도 못 보면 외로워서 못 견디니까요."

진선은 상범의 그 말이 너무나도 행복하게 들렸다. 그녀는 말없이 창밖을 바라보면서 흐르는 눈물을 닦았다. 이 세상에 태어나서 처음으로 들어본 말이었다. 부모 없이 고아원에서 외롭게 자란 진선이었다.

"박 변호사님이 퇴원하시면 병원 안이 텅 빈 것처럼 느껴질 거예요."

"진선 씨, 저는 이 세상에 태어나서 오늘날까지 누구에게도 사랑한다는 말을 한 적이 없어요. 그런데 오늘 처음 진선 씨에게 사랑한다고 고백하고 싶어요."

그 말에 진선은 한동안 아무런 말도 못하고 상범의

얼굴만 바라보았다.

"박 변호사님, 저도 그래요. 누구한테서도 사랑한다
는 말을 들어본 적 없어요. 그리고 사랑을 느껴본 사람
도 없었어요. 그런데 박 변호사님한테는 사랑한다는
말을 고백하고 싶어요."

상범은 진선의 사랑한다는 말을 듣는 순간 기쁨이
가슴 가득 차올랐다. 그리고 살며시 진선의 손을 잡았
다. 진선의 눈에 눈물이 유리알처럼 맺혔다. 상범의 눈
에도 눈물이 그렁그렁했다. 슬픔의 눈물이 아니라 감
동의 눈물이었다.

상범이 퇴원한 후 둘은 주말이면 함께 시간을 보냈
다. 그러기를 어느새 일 년이 다 되어 갔다. 이제는 하
루라도 보지 않으면 그리움이 쌓이고 외로움이 온 마
음을 사로잡았다. 서로 성장한 과정도 거짓 없이 다 털
어놓고 이야기를 나누었다. 진선은 상범을 만나기 전
에는 부모도 모르고 고아원에서 성장했기 때문에 간호
사로서 환자들을 돌보며 평생 독신으로 살아가겠다고

결심했었다. 이제 두 사람은 자연스럽게 결혼을 고민하기에 이르렀다.

어느 날 상범은 진선에게 정식으로 청혼했다.

"우리가 서로 사랑을 고백하고 서로가 알만한 것은 다 알게 되었다고 생각합니다. 이제 결혼해서 가정을 가지는 것이 어떤가요"

상범은 자신의 청혼을 진선이 기쁘게 받아 주리라 믿었다. 그러나 진선의 대답은 뜻밖이었다.

"저는 결혼할 수 없습니다."

"왜요?"

충격을 받은 상범의 물음에 진선은 대답 없이 돌아서서 흐르는 눈물을 닦았다.

"진선 씨, 우리가 만날 때마다 사랑한다는 말을 얼마나 주고받았습니까."

"네, 진심으로 박 변호사님을 사랑하고 있어요."

"그런데 왜 저와 결혼할 수 없다는 것이죠?"

"사랑이 반드시 결혼의 전제는 아니니까요."

"제가 미칠 것 같습니다. 저는 제 영혼을 아니 생명

까지도 모든 것을 진선 씨에게 바치겠다고 맹세했어요."

애가 타는 상범과 달리 진선은 조용히 슬픈 표정만 지을 뿐이었다.

"잘 알고 있어요. 저를 극진히 사랑하고 계시다는 거. 저를 사랑하는 박 변호사님에게 늘 감사하는 마음을 지니고 살아왔어요. 그런데……."

"그런데…… 라니요? 저의 사랑을 믿어주시면 청혼을 받아주셔야지요."

"나중에 제 사정을 말씀드릴게요."

"오늘은 안 되나요?"

상범은 가슴이 답답하고 앞이 보이지 않았다. 그렇게도 상냥하고 다정했던 진선이 청혼을 거부하는 게 이해되지 않았다. 우리는 같은 미래를 꿈꾸고 있지 않았단 말인가. 진선의 눈에 눈물이 어룽거렸다. 지난 번 만났을 때도 이상한 점은 느끼지 못했는데 무슨 일이 생긴 건가 싶어 걱정이 앞섰다. 진선은 상범의 손을 꼭 잡으며 안아달라고 말했다. 상범은 진선이 사라져 버릴 것 같아 꽉 끌어안고 입을 맞췄다. 결혼은 할 수 없다는 진선이 순순히 입맞춤에 응하자 상범은 그녀의 마음을 종잡을 수 없었다.

상범은 진선을 기숙사까지 바래다 주었다. 기숙사까지 가는 동안 두 사람 사이에는 침묵만 흘렀다. 차에서 내리며 미안하다는 말 한마디만 건네는 진선의 얼굴에 눈물 자국이 선명했다. 늘 상냥하고 명랑했던 진선의 쓸쓸한 표정에 상범은 이상한 예감을 느꼈다.

다음 날 상범은 진선의 단짝 친구 자연을 만났다. 근심과 불안에 쌓인 상범의 표정은 딱딱하게 굳어 있었다. 오랜만에 만난 자연과 상범은 인사를 주고받았다.

"자연 씨, 참으로 오래간만입니다. 해외 연수 출장 갔다 오셨다고요. 급히 나오시라고 해서 죄송합니다."

"괜찮아요. 일요일은 근무가 없어서 성당에 다녀오면 기숙사에서 쉬는 게 일입니다."

"입원할 적에 신세가 많았습니다. 퇴원 후 감사하다

는 인사도 제대로 하지 못했네요."

"그런데 오늘 갑자기 저와 만나자고 하셨는데 무슨 급한 일이라도 있으신지요?"

"아닙니다. 인사도 할 겸 차라도 한잔 대접하고 싶었습니다."

"요즘도 진선이하고 자주 만나세요?"

"전보다 자주는 아니지만 일주일에 한 번은 만나지요. 며칠 전 제가 청혼을 했는데 거절을 당했어요. 혹시 진선 씨에게 무슨 일 있습니까?"

"아직 진선이에게 듣지 못하셨군요."

"무슨 일입니까? 많이 혼란스럽네요. 진선 씨 태도도 전과 다르고. 도대체 무슨 일입니까?"

자연은 진선이 말하지 않은 일을 자신이 해도 될까 싶었지만 상범이 너무 절박해 보였다.

"진선이가 한 달 전에 의병 휴직을 냈어요?"

"의병 휴직이라뇨? 어디가 어떻게 아픈 겁니까?"

"······혈액암이에요."

혈액암이라는 말에 상범은 충격으로 아무 말도 할

수 없었다. 자연은 그렇게 원했던 청혼을 받았는데 거절할 수밖에 없었을 진선의 심정이 어땠을까 싶어 눈물이 앞을 가렸다.

"제일 친한 저하고도 연락을 끊어서 제가 숙소로 찾아가서 만날 수 있었어요."

"전혀 몰랐습니다. 얼굴이 창백해 보여 과로해서 그런가 생각은 했었지만 혈액암이라니요."

상범은 믿어지지 않는다는 듯 중얼거렸다. 상범은 당장 진선을 만나야 겠다는 생각뿐이었다. 자연과 헤어지자마자 곧장 진선의 숙소로 달려갔다. 하지만 진선은 지난 밤 이미 짐을 싸 숙소를 나간 후였다. 고아인 진선이 숙소와 병원 말고 어디에 있을지 짐작조차 가지 않았다. 자연도 나름 진선의 행방을 수소문했지만 아는 사람이 없었다. 진선의 소식을 알게 된 것은 그로부터 한 달 후였다. 사망 소식이었다.

상범과 자연은 용인에 위치한 진선의 묘소를 방문한 이후 연락을 자주 주고받았다. 사랑하는 연인을 잃은 상범과 생의 대부분을 함께 보낸 유일한 벗을 잃은 자연은 서로의 상실에 깊이 공감하며 서로에게 위로가 되었다. 상범은 종종 자연과 함께 진선의 묘소를 찾았다. 어느새 두 사람은 아픔을 공유한 다정한 친구가 되었다.

처음에 진선의 묘지를 찾아가기 위해 만났던 두 사람은 이제 서로를 만나기 위해 묘지에 가게 되었다. 두 사람은 점차 다른 장소에서 약속을 잡고 만났다. 서로 차를 마시는 시간과 식사를 겸해 저녁 산책을 하는 일이 늘어났다. 자신의 양심을 속이지 않는 이상 서로 사랑하고 있다는 걸 부인할 수 없을 정도로 정이 두터워졌다.

"자연 씨, 오늘은 용인에 가기 위한 만남이 아니라 자연 씨가 보고 싶어서 나왔습니다."

"저도 그래요. 이제 진선이도 우리의 만남을 싫어하지는 않을 거예요. 우리는 서로 진선의 사랑을 빼앗은 게 아니니까요."

사실 자연은 상범이 병원에 입원해 있을 때부터 그를 좋아했다. 하지만 진선 또한 그에게 호감이 있는 걸 알고 자신의 감정은 묻어 두었다. 상범과 진선이 같은 마음이라는 걸 안 후에는 진심으로 잘 되길 축복했다. 진선이 떠난 지금 상범을 향한 마음이 되살아나는 걸 느끼며 죄책감이 들기도 했지만 자신의 감정을 속이기는 힘들었다.

상범은 자연에게 깊은 위로를 받으며 마음의 안정을 찾아갔다. 처음에는 마치 죽은 진선과 재회하는 듯한 기분에 그녀를 만났지만 점점 자연이 눈에 들어왔다. 우정인지 사랑인지 스스로도 헷갈렸지만 분명한 사실은 자연과 함께 지내는 시간이 행복하다는 것이었다.

"요즈음 제가 가끔 착각을 합니다. 전에는 진선을 앞에 두고 자연 씨를 뒤에 두었는데, 지금 저에게는 같은 위치의 사람으로 여겨집니다. 그러니까 저에게는 같은 감정의 무게로 다가옵니다."

상범은 자연스럽게 손을 내밀어 자연의 손을 잡았다. 자연은 거부하지 않고 그가 끌어당기는 대로 따랐다. 어느새 둘은 서로를 안고 한 몸이 되었다. 한 번도 서로 사랑한다는 말을 주고받은 적이 없었지만 두 사람은 진선을 잃은 아픔을 서로 사랑으로 변화시킨 것이었다.

"하마터면 우리는 삶의 방향을 잃을 뻔했습니다. 이제는 진선이를 가슴에 묻고 우리의 일과에 더 열중해야겠습니다."

자연은 사랑하는 남자를 안고 행복했다. 상범은 쑥스러웠으나 용기를 내어 그녀를 품 안에 꼭 껴안았다. 시간은 소리 없이 흘러갔다.

상범은 자신이 일하는 대현부동산회사에서 거래 실적을 쌓아서 주가를 많이 올렸다. 자연과 상범은 회사와 병원 일에 다들 바쁘면서도 이래저래 한 달에 두 번 이상은 만났다. 이제는 두 사람은 결혼을 피해 갈 수 없을 정도로 깊이 빠져들었다.

　명동성당에서 가족이 없는 진선의 대상(大喪)을 위한 미사를 마치던 날, 상범은 따뜻한 인사를 나누면서 헤어졌다. 진선의 대상까지 마쳤으니 더는 애매하게 자연을 대하는 것도 예의가 아닌 듯하여 진지하게 결혼 계획을 이야기하고 싶었다.

　"자연 씨, 이번 주말에 우리 만나요."

　"네, 토요일은 당번이라 시간을 낼 수 없어요."

　"그럼 언제 가능하세요?"

　"일요일 오후 세 시 이후는 가능해요."

　"그러면 명동성당 근처의 오솔길 다방에서 네 시에 만나요. 중요하게 드릴 말씀이 있으니까요."

　자연이는 행복에 겨운 표정으로 손을 내밀어 악수를 청하였다.

　"박 변호사님, 그럼 일요일에 뵐게요. 안녕히 가세요."

　상범은 일요일을 손꼽아 기다렸다. 죽은 진선과 그

녀의 다정한 친구 자연이를 동시에 그리워하면서 기다렸다. 그의 마음속에는 진선에 대한 못다 한 그리움이 자연의 모습으로 채워져 있었다.

일요일 오후 네 시에 상범은 자연이를 만난다는 기쁨을 안고 오솔길 다방에 갔다. 그러나 약속 시간이 30분이 지나도 자연은 나타나지 않았다. 한 시간이 지나도록 기다려도 자연은 나타나지 않았다. 초조한 마음이 가중되고 불안한 마음이 끓어올랐다. 속이 닳아서 그냥 앉아서 기다릴 수가 없어서 상범은 병원에 전화를 걸었다. 혹시 병원에서 비상근무를 할 지도 몰랐다. 신호가 떨어지자 상범의 목소리가 떨렸다.

"오자연 간호사님이 혹시 오늘 출근하셨나요?"

그러나 수화기 너머에서 들리는 소식에 상범은 쓰러질 것만 같았다.

"아, 모르셨군요. 오자연 간호사는 교통사고로 사망했습니다. 어제 시민병원에서 장례식을 치렀습니다."

"그게 사실입니까?"

"그럼 사실이지요. 시민병원에 확인해 보세요."

상범은 눈앞이 핑 돌며 정신이 아득해졌다. 수화기를 내려놓고 간신히 자리에 돌아와서 어지러움을 수습하느라 눈을 뜰 수가 없었다. 그러나 병원 직원의 말을 믿을 수가 없어서 곧장 시민병원으로 달려갔다. 그리고 영안실 사무실에서 직접 확인을 해보았다.

자연은 횡단 보도에서 신호를 기다리는 중에 음주 운전 중인 화물차가 인도를 덮치는 바람에 다른 몇 사람과 현장에서 즉사했다는 것이었다. 사고 장소인 을지로 2가 길목은 그날 상범과 헤어지고 얼마 떨어지지 않은 곳이었다. 허망한 죽음이었다.

상범은 하나님의 벌을 받는다는 생각이 들었다. 사랑하는 이들을 연달아 데리고 가시다니 서러움이 복받쳤다. 한편 상범은 자신의 지난 삶을 돌아보게 되었다. 좀 남들보다 똑똑하다고, 능력 있다고 자만했던 자신이 떠올랐다. 책꽂이에 꽂아 두고 읽지 않았던 성경책에 눈이 갔다. 이대원 회장이 일 년 전 읽어 보라고 건넸던 성경책은 먼지만 쌓여 있었다. 상범은 자신의 자만을 자책하며 성경책을 읽기 시작했다. 교회에 나가

기도하고 성경책을 읽으며 상범은 이 상실의 시간을 버텨냈다. 기도를 하며 울고 또 울었다. 평생 울 것을 다 운 것 같았다.

떠나고 보내기

추석을 한 달 여 앞두고 상범의 어머니는 벌초를 핑계로 그를 고향으로 불렀다. 추석이 한 달이나 남았지만 어머니의 전화가 간곡하여 일주일 후 상범은 온양으로 내려갔다. 오랜만에 아들을 만난 어머니의 얼굴에 웃음꽃이 피었다. 상범은 위의 형들과 누나보다 어머니에 대한 효성이 지극했다. 어머니가 원하는 일이라면 내키지 않아도 늘 따랐다. 저녁을 먹은 후 상범은 어머니와 마주 앉아 집안일과 회사 일로 이야기꽃을 피웠다.

"상범아, 올해 네 나이가 몇이지?"

"제 나이를 물으시는 걸 보니 또 결혼 이야기를 하

시려나 봅니다."

상범은 내키지 않는 화제였지만 잠자코 있었다. 진선과 자연이 떠난 지 이제 일년이 흘렀을 뿐이다. 아직 상범의 마음의 상처는 아물지 않았다.

"그래, 네 말이 맞다. 너 올해 시른다싯 아니냐. 우리 동네에 장가가지 않은 총각은 너 하나뿐이다. 다들 장가가고 시집가서 아들딸 낳고 잘 사는데 유독 너만 총각으로 남아 있으니 동네 어른들이 혹시 무슨 문제가 있어서 장가를 못 가나 물으신다."

"동네 어른들이 별 쓸데없는 관심을 보이시네요."

"대대로 조상 때부터 사이좋게 살아온 이웃들이 아니냐. 너는 일본 유학에서 돌아와서 변호사가 되었고 더욱이 대원그룹 같은 큰 회사에서 중책을 맡아 일을 하니 궁금할 만도 하지."

"그래서 어머님께서 저를 급히 내려오라고 부르셨어요?"

"그렇다, 너 이 애미 나이가 몇인지 아냐? 올해 칠순이 다 되었단다. 네 아버지가 돌아가신 지도 25년이 지났구나. 너도 참 무심하다."

상범은 활짝 웃으면서 어머니의 마음을 진정시켰다.

"죄송합니다. 혹시 어머니께서 제 신붓감으로 봐두신 사람이 있으세요?"

"상범아, 이 동네에서는 네가 대원그룹 이 회장의 사위가 된다는 소문이 파다하게 퍼져 있단다."

상범은 놀라서 대꾸할 말이 떠오르지 않았다. 회사뿐만 아니라 그 소문이 고향에도 퍼졌다는 사실에 당혹감을 느꼈다.

"여기 예산과 아산 그리고 온양 일대에 사는 이 회장님 친척들한테서 들었다."

"그래서 어머님께서는 소문에 뭐라고 대답하셨어요?"

"전연 아니라고 그랬지. 모자간에 혼사 얘기를 꺼낸 적도 없고 더구나 당사자 간에 연애한 적도 없었다고 들었는데 무슨 혼사냐고!"

"어머니는 저한테 들으신 대로 꼭 말씀하셔야 합니

다."

"물론이지. 너야말로 나의 막내 효자 아들인데 네 결혼은 전적으로 네 의사에 따라 결정할 일이라고 생각하고 있다."

상범은 잔잔하게 웃었다. 문득 어머니의 의중을 알아보고 싶었다.

"작년에 그러시지 않았어요? 대전 천안 공주 등지의 친척들 한데서 청혼이 밀려온다고요?"

"네 아버지가 돌아가실 당시 앞이 캄캄했었지. 우리 사남매를 어떻게 공부시키고 키울 수 있을까 근심이 태산 같았다. 그런데 이 회장 내외분이 앞장서서 우리 사남매를 공부시켜주시지 않았니. 정말 태산 같은 은혜지!

"어머니, 이번에 저를 부르신 이유는 뭔가 당부하고 싶은 게 있으신 거죠?"

"실은 지난주 대원그룹의 이 회장님 사모님이 여기 다녀가셨단다."

"네? 회장님하고요?"

"아니, 혼자 다녀가셨어. 사모님 동생분과 이 회장님 여동생도 동행하셨단다."

상범은 약간 의아했다.

"무슨 일로요?"

"따님 혼사 문제로 오셨어."

"따님 혼사 문제라니요. 따님하고 혼인할 사람이 고향 분이신가요?"

"응 마음에 드는 사람이 있다고 하시더라."

"그런데, 무슨 문제라도 있답니까. 어머니께서 도와드릴 일이라도 있었나요?"

어머니의 목소리가 조심스러워졌다.

"사모님이 사위로 삼고 싶다는 사람이 바로 너란다. 대원그룹 회장님께는 태산 같은 은혜를 입었다만 네 결혼 문제를 내가 정할 수는 없지 않니?"

상범의 표정이 어두워졌다. 당장 어머니께 무어라 대답할 말이 떠오르지 않았다. 이 세상에 태어나서 처음으로 이성에 대한 애정을 느껴보기는 진선이 처음이었고, 결혼을 해도 진선 이외의 여성을 자신의 아내로 생각해 본 적이 없었다. 더욱이 마음의 문을 열기 시작한 자연을 그렇게 보내고 나서 상범은 결혼에 대한 생각을 접었다. 실의와 절망의 세월을 견디어 온 지 한 해가 겨우 지난 지금 생각지도 못한 곳에서 청혼이 들어왔다니…… 상범은 석연이 앞섰다. 어머니는 아들의 동정을 살피며 조용히 물었다.

"전에 윤 교수 전시회 때 이 회장 따님을 만난 적이 있다면서."

"네, 한 번 있어요. 긴 시간도 아니고 잠시 차 한 잔 나눴어요."

"그래? 이 회장 따님이 너를 마음에 두고 있나 보더라."

"어머니, 그 사람하고 깊은 얘기를 나눈 적도 없고 단순히 만났다가 헤어진 것뿐입니다."

"당장 이 회장 댁에서 결혼하자는 건 아니고 사모님은 따님이 너를 생각한다는 것을 알려온 것뿐이야."

상범의 어머니는 합리적인 성격이어서 아무리 자식이라도 자기 의견을 강압하거나 억지를 쓰는 분은 아

니었다. 분위기가 조금 무거워지자 어머니가 화제를
바꿨다.

"오늘 집에서 자고 내일 서울에 가면 어떻냐?"

"내일 오전에 회의가 있고 계약할 일도 있어서 오늘
밤으로 상경해야 합니다."

모자간에 이야기를 주고받다가 잠시 침묵이 흘렀
다.

"너 한때 여자 친구가 있었지 않니? 결혼 말이 나올
때가 됐다 싶은데도 말이 없는 걸 봐서 헤어진 거 같기
는 하다만. 그런 거니?"

"네, 있었어요. 어머니도 아세요."

어머니에게 진실을 말하지 못하고 혼자 오래 앓다
가 막상 털어놓으려니 목이 메어왔다.

"내가 아는 사람이니?"

"제가 교통사고로 입원했을 때 간호를 해준 분이에
요. 어머니에게도 인사를 여러 번 했었지요."

"그런데 너는 이 애미에게 다 숨겨왔지. 언제 속 시
원하게 말한 적도 없고."

"청혼했는데, 거절당했어요."

어머니의 눈이 커다래졌다.

"뭐, 우리 상범이를 거절했단 말이냐?"

"저도 몰랐는데 그 사람 혈액암이었어요. 말없이 제 앞에서 사라지고 결국 세상을 떠났어요. 일 년 쯤 전에."

잠시 말을 잃었던 어머니가 상범의 손을 따뜻하게 감싸 쥐었다.

"내가 몰랐구나. 얼마나 가슴이 아팠을꼬! 그것도 모르고 혼담이 여기저기서 오기에 너한테 선을 보라고 닦달했구나. 미안해서 이를 어쩌누!"

어머니에게조차 말도 못하고 혼자 감내했을 아들의 고통을 헤아리니 목이 메어왔다.

"아닙니다. 오늘 저에게 하신 말씀은 심사숙고해서 어머니 마음이 상하지 않도록 처신하겠습니다."

"고맙구나. 이 일은 회장님도 알고 계신다니 유념하고."

상범은 서울로 돌아오는 발길이 몹시 무거웠다. 이

회장님 사위라니 상상해본 적도 없는 일이었다. 순희
와는 의례적인 만남을 한 번 가졌을 뿐인데 혼담이 나
오다니 이해하기 힘들었다. 아들이 없는 이 회장에게
유일한 딸인 순희는 미인인데다 막대한 재산을 물려받
을 것이기 때문에 사돈을 맺고자 하는 사회 고위층이
넘쳐난다. 마음만 먹는다면 최고의 신랑감을 고를 수
있을 것이다. 상범의 형제들이 이 회장의 은덕으로 사
회적인 성공을 거둔 것은 고향에서 모두 알고 있다. 상
범은 자신이 은혜에 보답하는 길은 그룹에서 열심히
일하는 길뿐이라는 결론을 내렸다. 자신이 사위가 되
는 것은 그쪽에서 원한다 해도 과분한 일을 넘어 파렴
치하게까지 느껴졌다.

*

이 회장의 부인이 온양에 가서 상범의 어머니를 만
나고 돌아온 후에 이 회장은 상범의 어머니가 자기 딸
과의 혼담에 어떤 반응을 보이던가 하고 물었다.

"여보, 순희 어머니, 상범의 어머니께서 우리 딸과의 혼사에 대해서 어떻게 생각하시는가?"

"처음에는 혼사 말이 나오자 깜작 놀라세요."

"왜요?"

"왜라니요, 놀라는 것이 당연하지요. 큰 명문 집안에서 무엇이 부족해서 미천한 우리 집안과 사돈이 되시려고 하시는가, 황송하다고만 하고 아들에게 물어본다며 대답을 피하시더군요."

"그야 물론이지 내가 상범이 형제들을 다들 공부는 시켰지만 사위 삼을려고 한 것은 아니지 않소!"

"그런데 왜 생각하지도 않았던 박 변호사를 사위로 삼으시려는 겁니까?"

"그야 당신이 먼저 제안하지 않았어요?"

"요사이 혼담이 많이 들어온다면서요."

"많이 들어오지. 내 딸이 좋아서 혼담이 들어오는 것이 아니라 내 재산을 보고 혼담이 들어온다고 봐야지. 특히 권력층의 인물들이 사돈이 되자고 친구들을 내세워 청혼하는 거야."

"대체 어떤 자녀를 둔 사람들인데요.?"

"아주 다양하지. 교수, 의사, 검사 기술연구원들 다양하지. 더구나 내 딸을 한 번도 본 적이 없는 사람들이 당사자보다도 부모들이 더 서둘러 중매인들을 내세워서 마음이 좋지 않아."

"그래서 영감이 생각하다 못해 박 변호사를 사위로 정하고 싶은 것입니까? 결혼은 당사자들의 의사가 중요하지 않아요?"

"그야 물론이지."

"그런데 박 변호사한테 물어도 보지 않았고요. 그리고 딸한테도 박 변호사에 관하여 물어 본 적도 없지 않아요. 그리고 날 보고 온양에 가서 박 변호사 어머니에게 청혼을 하라고 하셨으니 참으로 어처구니가 없어요."

이 회장은 미소를 지으면서 말했다

"나 나름대로 생각이 있어서 그렇게 한 것이요. 여기저기서 혼담과 청혼이 밀려오는 것을 막는 길은 우리 회사의 법무실장 박 변호사를 사위로 삼는다는 소

문이 나면 일시에 밀려오는 청혼이 꼬리를 감출 것이
지."

　그리고는 이 회장이 한바탕 크게 웃었다.

　다음 날 이 회장은 상범을 집무실로 불렀다. 순희와
의 혼담 문제인가 싶어 회장실로 향하는 상범의 마음
이 불편했다. 이 회장은 비서들을 일찍 퇴근 시키고 홀
로 상범을 맞았다. 상범을 바라보는 눈길이 어느 때보
다 더 따뜻했다. 상범이 자리에 앉자 이 회장이 조용히
입을 열었다.

　"자네도 알다시피 자네 아버지하고 나는 한동네에
서 친형제처럼 자랐지. 자네 아버지 돌아가시고 자네
들을 돌본 것은 친구로서의 의무 때문이 아니라 내 친
자식처럼 느껴서라네. 그 중 자네를 내 특별히 사랑하
고 아끼는 것을 알지?"

　"네, 회장님. 잘 알고 있습니다. 항상 저는 이 회장
님의 태산 같은 은혜를 가슴에 품고 살고 있습니다."

　"은혜는 무슨. 자네를 아들처럼 여기는 내 진심만

알면 됐네. 난 아들 일이라면 남들 앞에서 말을 할 수가 없어. 아들을 죽인 죄인이야."

이 회장의 눈에 눈물이 고였다.

"막내가 살아 있었으면 자네와 동갑이 아닌가! 그리고 내 큰 놈은 자네 둘째 형하고 동갑이고."

아들 얘기가 나오자 이 회장은 흐르는 눈물을 감추지 못했다.

"나도 늙었나 봐. 자네 앞에서 눈물을 다 보이고. 자네 형제들을 보면 내 죽은 아들들 생각이 나서 그래. 미안하네."

이 회장은 양 볼을 적신 눈물을 손등으로 훔치면서 자신의 속마음을 다 털어놨다.

"내가 두 아들을 데리고 제주도로 낚시를 하러 간 것이 잘못이었어. 전날 큰놈이 누이동생과 싸워서 친구들하고 낚시하러 가는 김에 마음을 풀어 주느라 데리고 갔었지. 다시 돌이킬 수 있다면 하고 수천 번도 더 생각했었네. 낚시를 좋아하지도 않는 아들이었는데……."

"기나긴 세월을 어떻게 그 슬픔과 고통을 안고 살아오셨는지요."

"그래 참으로 비통한 삶이 이어졌지. 신앙의 힘이 없었다면 가정도 사업도 다 망했을 것이네."

상범 본인도 사랑하는 여인의 죽음을 신앙의 힘으로 버텨내는 중이라서 공감하는 바가 컸다.

"회장님은 참으로 인자하신 분이십니다. 그 일이 있고 1년 후에 저희 아버님이 돌아가셨는데, 생계를 꾸려갈 힘이 없는 우리 형제들을 친자식처럼 키워 주셨잖아요."

"그래 이 모든 것이 하나님의 은덕으로 우리가 남이면서도 가족처럼 지내지 않았는가! 이제 내 나이가 벌써 75세가 넘었네. 건강도 야금야금 잃어가고 귀도 잘 들리지 않고 시력도 약해지고 더구나 기억력은 하루가 다르게 나빠지고 있어. 그러니 거대한 이 사업을 누구에게 맡기겠는가."

"회사에는 유능한 간부도 많습니다. 특히 앞으로 따님에게 회사 경영에 참여할 기회를 주셔야 합니다."

이 회장이 고개를 절레절레 흔들었다.

"자네는 몰라서 하는 소리야. 내 딸의 관심사는 오직 그림뿐이네. 회사가 당장 망한다고 해도 내 딸은 아버지 회사 운영에 관심을 가질 사람이 아니야."

이 회장이 길게 한숨을 내 쉬었다.

"자네, 내 딸을 어떻게 생각하나."

드디어 올 것이 왔나 해서 상범의 표정이 굳어졌다.

"한 번 만나 뵌 게 전부라 뭐라 드릴 말씀이 없습니다."

"그래 그 한 번 만났을 때 내 딸 첫인상이 좋았나?"

"네 성격도 좋고 아주 미인이시던 걸요."

우울했던 이 회장의 표정에 미소가 떠올랐다.

"그래. 내 딸도 자네를 호감 가는 남성이라고 그러더군."

흡족한 이 회장과 달리 상범은 얼굴이 약간 붉어지면서 회장의 시선을 피했다.

"이제 우리 부부도 칠순을 넘었네. 걱정이 있다면 딱 하나 내 딸의 혼사 문제일세. 혼담은 많이 들어오는

데 내 딸을 줄 만한 사람이 한 사람도 없네."

"회장님, 그야 혼담 대상이 좋고 나쁜 것은 회장님이 결정할 것이 아니라 따님한테 물어보셔야지요."

"우리 딸? 절대 결혼하지 않는다고 고집을 세우는데 우리 부부가 딸의 고집을 꺾을 수가 없어. 올해 내 딸 나이가 서른이야."

딸의 혼사 문제가 나오자 이 회장의 언성이 높아지고 얼굴 가득 수심이 번졌다.

"회장님, 걱정 마세요. 언젠가 따님이 마음에 맞는 분을 만나면 달라질 겁니다."

상범은 조용한 어조로 이 회장을 위로했다.

"박 실장, 절대 결혼은 하지 않겠다던 내 딸이 실은 자네를 보고 마음에 변화가 생긴 듯하네. 부담 갖지 말고 내 딸을 좀 만나 주겠나?"

부담을 갖지 말라고 해서 부담이 없어지는 상대가 아니라서 상범은 망설였다.

"꼭 결혼하라는 이야기가 아니라 일단 몇 번 서로 만나 보게. 결혼은 본인들 의사에 맡길 테니. 오늘 얘기는 여기서 끝내세."

상범은 선뜻 내키지 않았지만 이 회장이 이렇게까지 이야기하는데 이마저 거절할 수 없어서 알겠다고 대답했다. 한 번도 회장의 딸을 연인의 대상으로 생각한 적이 없었다. 이성으로 느껴본 것도 아니었다. 상범은 사무실로 돌아와 꽉 막힌 기분으로 앉아 있다가 온양의 어머니께 전화를 드렸다. 지금 이 문제를 상의할 사람은 어머니뿐이었다.

"어머니, 그 새 안녕하셨습니까. 자주 찾아뵙지 못해 죄송합니다."

"상범아, 바쁜 사람이 어찌 어미에게 전화를 다 했니?"

"네, 어머님께 긴히 여쭈어볼 게 있어서요. 회장님께 들은 말씀도 알려 드려야 하고 어머니의 의견을 듣고 싶습니다."

"그러잖아도 지난 번 회장님 사모님께서 다녀가신후 너와 의논하려던 참이었다. 나도 생각하고 네 형과 누나하고도 전화로 의논했지만 결국은 네가 결정할 일이겠지. 이제는 감추고 숨길 것 없이 다 털어놓고 의논을 해서 결정해야겠다."

"어머니, 그런데 저하고 회장님 딸하고 공적인 일로 한 번밖에 만난 적이 없는데 왜 갑자기 이런 혼담이 튀어나오지요?"

"이게 갑자기 나온 얘기가 아니란다. 이 회장님 딸을 며느리 삼고 싶다고 희망하는 명문가가 많다는구나. 회장님이 이런 식으로 딸을 시집보내서는 안 되겠다고 고민하던 차에 이 회장님의 딸이 너를 지목했다는구나."

상범은 여전히 이해할 수 없다는 듯 아무 말도 하지 않았다. 어머니는 아들을 타일렀다.

"결혼은 신랑 신부 당사자 간에 뜻이 맞는다고 성혼이 되는 것은 아니란다. 결혼은 운명적인 것이지. 한 여인을 내가 죽도록 사랑하고 평생 유복하게 잘 살도록 책임진다고 해도 상대가 받아들이지 않으면 성사되지 않지. 사람이 만나고 헤어지는 것은 하늘이 정하는 일이지."

"어머니, 지난달 회장님 사모님께서 다녀가셨을 때, 회장님 의견도 전하시던가요?"

"회장님 소원이 너를 사위로 삼고 싶대. 50년 사업을 하시면서 많은 사람을 봤지만 회장님 사업을 지키고 발전시켜 줄 사람은 너밖에 없다는 것이야. 그리고 너 아니면 딸을 줄 사람도 없다는 것이야."

"어머니, 저도 회장님을 친아버지처럼 존경합니다. 은혜를 잠시도 잊은 적이 없어요. 만약 제가 회장님의 청을 저버리면 배은망덕의 소인배가 되는 것일까요?"

"네 말대로다. 사모님이 혼담을 말씀하실 때 나는 고맙고 반가우면서도 걱정이 들더구나. 혹여라도 네 마음이 내키지 않아서 회장님께 배은망덕이 되면 어쩌나, 하고 말이지."

수화기 너머에서 어머니는 조그맣게 훌쩍거렸다. 어머니도 사랑하는 막내아들의 혼사에 어지간히 고민이 많다는 게 짐작됐다.

"상범아, 이렇게 고마운 분이 세상 어디에 계시니! 아버지 잃은 우리 남매들을 다 공부시켜 주셔서 사회의 훌륭한 인물이 되지 않았니?"

"어머니, 저에게 생각할 시간적 여유를 주십시오."

아까보다 조금 더 크게 어머니의 목소리가 떨렸다.

"너는 '따님은 내 마음에 들지 않으니 회장님의 호의는 사양하겠습니다.' 이렇게 대답할 셈이냐?"

"어머니 그런 뜻이 아닙니다. 따님이 저를 좋아할지, 제가 그분과 결혼해서 행복하게 해줄 수 있을지 일단 사귀어 보고 그때 가서 결정해야지요."

"알겠다. 네 깊은 속은 이해가 간다. 그러나 한 가지 네가 알아 둘 것이 있단다."

"무엇인데요?"

"여기저기서 혼처가 들어올 적에 따님이 아버지 마음에 드는 신랑감은 누구냐고 물으니 바로 네 이름을 댔다는구나. 그러자 따님이 부모님 마음에 드시는 분이라면 따르겠다면서 너를 퍽 좋은 분이라고 얘기하더라고……"

"네, 어머니 마음 잘 헤아리겠습니다. 일단 성실히 교재하고 제가 그분과 맞는 사람인지 살펴보고 얘기를 해도 늦지 않습니다."

"역시 너는 내 아들이다. 하나님은 너를 지켜 줄 것이다. 나는 너를 위해 기도하면서 살고 있다. 너를 위해 기도하는 것이 행복하고 삶의 보람을 느낀단다. 하나님의 모습은 볼 수 없어도 나는 기도를 통해 하나님의 마음을 느낄 수 있어. 오늘은 이만 끊자."

상범은 전에 볼 수 없었던 어머니를 다시 발견하였다. 통화 중에 인자하면서도 강한 어머니의 지시와 교육이 있었다. 어떤 거역할 수 없는 강한 빛이 상범의 마음에 비쳐 들었다. 어머니의 기도에 감사한 마음이 들자 상범은 성경책을 찾아서 다시 읽어 나갔다. 읽어 갈수록 의문만 생겼다. 내용이 황당하고 마음과 생각으로 받아들이기가 힘들었다. 사법시험을 준비할 때처럼 어느 때는 밤을 새워가면서 성경을 읽었다. 꾸준히 읽어 나가자 성경에 대한 무지의 안개가 차츰 개었다.

증오의 인연

상범은 순희와 만나기 시작했다. 차도 마시고 식사도 하면서 처음의 어색했던 분위기는 점차 줄어들었다. 이 회장 부탁으로 만난다는 부담감이 어느새 사라지고 편하게 순희를 대할 수 있게 되었다. 대부분 명랑한 순희가 대화를 이끌고 과묵한 상범이 한두 마디 거드는 식이었다.

"변호사님은 저와 만나는 게 부담스럽나요?"

"부담은 무슨 부담입니까. 부담스러우면 제가 여기 나오지 않지요."

"제가 열 마디 말하면 박 변호사님은 한 마디 하세요."

"원래 말수가 적어요. 학교에 다닐 때 워낙 말이 없으니까 친구들이 저를 '입 없는 놈'이라고 놀렸지요."

그렇게 말하고는 잘 웃지 않던 상범이 껄껄대고 웃었다.

"웃는 모습은 일품입니다. 저는 풍경화를 그리지만, 변호사님 웃는 모습은 그려서 집에 걸어 놓고 싶어요."

"이 세상에 잘 생긴 사람이 얼마나 많은데요. 이해가 가지 않습니다."

상범은 몇 번 순희와 데이트를 했지만 그다지 마음이 끌리는 데가 없었다. 순희의 이야기를 듣는 게 때로 지루했으나 예의상 상범은 그녀의 말을 다 들었다. 때로는 자기가 한 말의 내용을 되묻는 습관이 있어서 그녀가 말할 적에는 귀에 담아 두어야만 했다.

상범은 만나고 싶지 않아도 만나자는 연락이 오면 시간을 쪼개 그녀가 나오라는 곳에 나갔다. 둘이 흥미롭게 나눌만한 이야기는 많지 않았지만 회장의 딸이라 여느 여자처럼 대우해서는 안 된다는 것을 잘 알고 있었다. 순희의 말은 대부분 그림에 관한 것이었다.

"변호사님, 제가 내년 봄 매화가 피는 시기에 전시회를 열려고 매화를 30점 정도 준비했어요. 그래서 의논 드리고 싶은 게 있어요."

"의논이요? 전시회에 관해서 저는 경험도 없고 무지한 사람입니다."

순희는 부드러운 미소를 지으며 상범을 바라봤다.

"너무 겸손하신 거 아니에요? 화단에서는 미술 잡지에 그간 실린 변호사님 비평에 대해서 칭찬이 자자해요. 법학을 전공하셔서 그런지 글이 예리하고 통찰력이 깊다고요."

면전에서 칭찬을 들으니 상범의 얼굴이 약간 붉어졌다.

"그래서 의논할 것은 무언가요?"

"제가 발간할 화집에 그림마다 해설을 써 주시면 제게도 큰 기쁨이겠습니다."

"이제 비평 몇 편 발표한 저에게 너무 큰 일을 주시는 거 아닌가요?"

"회사 일로 바쁘시겠지만 부탁드려요. 상범 씨가 섬세하고 정확한 필체로 해설을 써 주시면 화단에도 큰 화제가 될 거예요."

"제가 끝까지 거부하면 어떻게 하실 것입니까?"

"끝까지 거부하시지 않을 거잖아요."

"어떻게 제 마음을 아시지요?"

상범은 가볍게 웃었다. 순희도 따라 웃었다.

"변호사 님은 근본이 착하시잖아요. 그래서 제 요청을 거절 못할 거예요."

상범은 지금까지 그녀한테서 볼 수 없었던 진지한 멋을 발견했다.

"해설을 써서 그림 지식이 없는 관람객들이 정확히 감상할 수 있도록 도와주시면 전시회가 빛날 거예요. 제 전시장에서 사람들이 매화를 보며 행복해하는 모습을 보고 싶어요."

생각보다 순희는 고집이 셌다. 물러날 것 같지 않았다.

"참으로 난감한 부탁이네요. 전시회는 언제쯤 개최

하나요?"

"앞으로 3개월 여유가 있습니다. 전시할 그림은 다 완성했고요."

"그럼 내일부터 퇴근 후에 제가 그림을 보러 들를게요. 무명 평론가에게 이렇게 큰 일거리를 주시다니! 이 참에 변호사직 때려치우고 평론가로 나서야겠어요."

호쾌하게 웃는 상범을 따라 순희도 크게 웃었다. 순희는 상범이 쉽게 받아들이지 않으리라 예상했는데 의외로 자신의 부탁을 흔쾌히 들어주어 기뻤다. 둘 사이가 그만큼 가까워진 듯했다. 상범은 만날수록 정말 좋은 남자였다. 그의 얼굴을 가만히 바라보자니 얼마 전 아버지의 유언 비슷한 당부가 떠올랐다.

아버지는 한 평생 자신을 위해 돈을 벌지 않았다. 돈을 벌려고 사업을 시작한 것이 아니라 가난한 이들을 돕고 돈이 없어 학교에 다니지 못하는 이들을 후원해 주기 위한 일이라고 늘 말씀하셨다. 대원그룹은 노동조합이 없는 걸로도 유명했다. 이 회장은 늘 회사는 자신의 것이 아닌 직원의 소유라고 생각했다. 그래서 회사 주식도 가족 소유가 삼십 퍼센트, 투자자 지분이 삼십 퍼센트 그리고 나머지 사십 프로는 근무 연수와 직급에 따라 직원들이 소유했다. 이런 연유로 직원들 모두 스스로가 회사 주인이라는 생각 때문에 노동조합이 생기지 않았다. 이 회장은 자신의 건강이 나빠질수록 자신의 경영철학을 이어서 회사를 운영해줄 후계자가 절실해졌다.

"순희야 내 나이 벌써 일흔다섯이다. 건강도 날이 갈수록 나빠지니 후계가 걱정이구나."

"그러면 아버지 의중에 있는 사람에게 회장직을 물려주시는 게 어떠세요?"

순희는 자신이 경영에는 뜻이 없음을 아버지가 이미 알고 있기 때문에 가볍게 대꾸했다.

"아버지는 너와 결혼할 사람에게 내 후임을 물려주고 싶구나. 그리고 그 후임이 박 변호사였으면 한다."

순희는 깜짝 놀라 아버지를 바라봤다. 5년 전의 비참한 경험 이후 순희가 결혼 생각이 없음을 분명히 밝혀 부모님 모두 혼담을 직접 꺼낸 적이 없었다. 사실

상범을 만나면 만날수록 순희 마음도 차츰 그에게 열리고 있었다.

"내가 어려서부터 박 변호사를 봐와서 잘 아는데 그 사람처럼 양심적이고 거짓말할 줄 모르는 사람은 보기 드물단다. 게다가 머리도 명석하고 대인관계도 예의 바르고 깔끔한 사람이지. 네가 그 사람과 결혼한다면 평생 믿고 의지하며 살 수 있을 거야. 이 아버지 소원은 네가 박 변호사랑 결혼하고 그가 내 후임이 되는 거란다."

아버지의 당부도 당부지만 상범을 향한 마음이 점차 깊어지는 것을 순희도 느끼고 있었다. 하지만 그와 결혼해도 될지 순희는 한편 두렵고 혼란스러웠다. 오년 전 미술 강사 오종표에게 성폭행을 당한 후 순희는 결혼 생각을 아예 접어버렸다. 아무리 좋은 혼사가 들어와도 순희는 엄두를 내지 않았다. 과년한 딸의 결혼을 포기할 수 없는 어머니가 애를 쓰면 쓸수록, 순희는 자신을 혼사길로 몰면 목숨을 끊겠다는 말을 서슴지 않았다.

*

순희 어머니 정미자 여사는 대학교 미술 교수로 재
직하며 많은 제자들을 길러냈다. 오종표는 정 교수의
제자였고 미술에 뛰어난 재능이 있었다. 인물 또한 잘
생겨서 따르는 여성도 많았다. 하지만 오종표는 야심
가였다. 학생 시절부터 순희네 집에 자주 드나들던 그
에게 어머니는 순희를 가르쳐 달라고 부탁했다. 미술
과외 선생이 된 오종표는 순희를 눈여겨보았다. 자신
을 잘 따르는 그녀를 보며 이 회장의 무남독녀와 결혼
한다면 거대한 재산을 물려받아 한평생 떵떵거리며 살
수 있으리라는 허황된 꿈을 꾸기 시작했다.

하지만 그의 바람과 달리 근 십 년 가까이 이 회장
댁과 인연을 이어가도 순희와 그의 사이는 스승과 제
자 그 이상의 관계로 발전되지 못했다. 이 회장 내외의
신뢰를 얻기 위해 오종표는 겉으로는 신사적인 태도를
유지했다. 두 아들을 잃고 하나 남은 딸이 혹시나 잘못
될까 싶어 함부로 아무 곳이나 다니지 못하게 하던 이

회장 내외도 오종표만은 신뢰할 정도였다. 순희가 프랑스에 유학할 시절에도 오종표가 찾아가 만났을 정도였다. 하지만 그런 신뢰는 순희 어머니 제자로서 그리고 순희의 선생으로서였지 순희의 남편감으로는 아니었다. 오종표가 화단에서 꽤나 유명한 작가가 되어도 이 회장과 정 교수는 그를 사윗감으로는 안중에도 없는 듯했다.

스물다섯이 된 순희에게 사방에서 혼담이 들어오기 시작하자 오종표는 초조해지기 시작했다. 이대로 자신의 꿈을 포기할 수 없다고 생각한 그는 극단적인 방법을 쓰기로 작정했다. 순희의 몸을 가지면 순희도 이 회장 내외도 어쩔 수 없이 자신을 사위로 맞이하게 되리라 여겼다. 마침 오종표가 기다리던 기회가 왔다.

"순희, 이번 주말에 부모님은 칠순 생신 기념으로 해외여행을 가신다면서."

"네, 그 새 아버지 어머니도 다들 바쁘셔서 번거로운 잔치는 피하시고 두 분만 일본에 다녀오신데요."

"그동안 너는 뭘 할 계획이야?"

"저요? 집에서 그림을 그려야지요."

"그러지 말고 우리 화실에서 공동 작품을 그리는 건 어떠니?"

"공동작품이라니요?"

"사계절 작품을 네가 봄과 가을을 그리고 내가 여름과 겨울을 그리면 아주 멋진 공동 작품이 될 듯한데."

"멋지네요."

"네 어머니 화법과 내 화법 그리고 네 화법은 유사하면서도 독특한 개별성을 지니고 있지. 네 어머니는 나의 스승이시고 너는 나의 제자인지라 올여름 열심히 그리면 일년 후에 전시회를 가질 수 있지 않을까."

"그러면 삼인 전시회를 기획하세요?"

"그래. 어머니하고는 의논해서 허락을 받았다. 네 생각은 어때?"

"제가 많이 미숙한데요. 감히 어머니와 선생님과 공동 작품전을 할 만한 실력이 되나요."

"어머니를 닮아서 재능이 뛰어난 데다가 겸손하기까지 하고."

오종표의 뇌가 빠르게 회전했다.

"내가 이번에 이사 가서 화실을 새로 꾸몄어. 주말에 한 번 구경 올래? 화실에 온 김에 공동작품도 한 번 구상해 보고."

이제 막 화가로서 첫발을 디딘 순희에게 오종표와 같은 유명 화가와의 전시는 큰 기회였다. 순희의 얼굴에 기대감이 가득했다.

"더 자세한 이야기는 주말에 화실 구경하면서 하자고."

주말이 되자 오종표가 순희를 데리러 왔다. 순희는 오종표의 차에 올라탔다.

"선생님 차가 참 좋네요. 벤츠인가요?"

"차야 순희 아버님 차가 더 고급차겠지."

사실 오종표는 수입의 대부분을 자신을 꾸미는 데 사용했다. 그래야 자신도 상류층이 될 수 있다고 여겼기 때문이다.

"아니요. 저희 아버지는 외제 차는 타지 않으세요."

"아니, 대기업의 회장님이신데 외제 차를 타지 않으

신다고?"

"아버님 회사 방침이세요. 회사 간부들 모두 외제 차는 타지 못해요."

오종표는 순희가 앞을 보는 새 입을 삐죽이고는 입에 발린 소리를 했다.

"그래? 아버님 정말 존경스럽다. 그렇지 않아도 정교수님은 학교에 출근하실 때 늘 택시를 타시던데 전용차가 없으신가?"

"아버님이 사주신다고 해도 어머님이 싫다고 사양하시네요."

"순희 집안은 큰 재벌인데다 어머님 그림은 수집가들에게 인기가 좋아서 비싼 가격에 팔리는데 그럼 돈은 다 어디에 쓰시나?"

"살림에 쓰이는 돈 외에는 대부분 복지사업에 쓰세요. 법인으로 고아원과 양로원 등 운영하는 곳이 있거든요. 회사 중간 간부들도 전원 월급에서 일 퍼센트씩 기부도 하고 있고요. 아버님은 우리 법인에서 운영하는 고아원과 양로원의 시설이 적어도 우리나라에서 만큼은 최고 시설을 유지해야 한다고 하시면서 운영에 돈을 아끼지 않으시는 편이지요."

재벌이라고 생각했더니 빛 좋은 개살구 아닌가 싶어 오종표는 잠시 심란하다가 어차피 자신이 사위가 되면 재산도 경영도 마음대로 주무를 수 있으리라는 생각에 순희에게 맞장구를 쳤다.

"부모님이 그렇게 대단한 분들이신지 미처 몰랐네. 내가 어머니한테서 미술을 배웠지만 그렇게 훌륭한 자선사업을 하실 줄이야. 정말 존경스러운 분들이야."

한 시간쯤 지나 수지에 있는 오종표의 집에 당도했다. 고급 빌라 3층에 자리 잡은 집은 두 개의 공간으로 나뉘었는데 한 곳은 생활 공간으로, 다른 한 곳은 작업 장소로 꾸며 놓았다.

"서울에서 좀 멀지? 그래도 서울에 비하면 집값이 반도 안 되어서 이리로 이사 왔지."

화실 곳곳 놓여진 오종표의 그림을 감상하며 순희는 감탄해 마지않았다. 실력으로 치면 오종표는 이미 어머니를 넘어선듯 보였다. 화실 중앙에 놓인 캔버스에는 어느 절간 연못의 연꽃 풍경이 절반가량 그려져 있었다.

"그리다 만 그림을 뭘 그리 열심히 보나?"

"어떤 작품이 완성될지 정말 기대되네요. 선생님은 이제 한국 화단 최고의 자리에 오르실 일만 남으신 것 같아요."

"비행기 그만 태우게."

오종표가 너털웃음을 웃으며 손을 내 저었다.

"오늘 우리 집에 귀한 손님이 왔으니 와인 한 잔 대접해야겠지?"

"아니에요. 저는 집이 멀어서 금방 일어나야지요."

"여기까지 왔는데 무슨 소리! 와인 한 잔 가볍게 하고 나가서 저녁 먹자고. 내가 집까지 안전하게 데려다 줄테니 걱정 말고."

계획에 차질이 생길까 싶어 오종표는 강하게 만류하며 얼른 와인 병을 따서 잔에 따랐다. 마침 순희가 손을 씻겠다고 화장실에 간 사이 오종표는 순희의 잔에 가루로 된 수면제를 탔다. 순희가 돌아오자 오종표는 공동 전시회를 위한 건배를 제안했다.

"자 내년 전시회 성공을 위해 건배하자. 성공을 위한 건배는 단숨에 마셔야 해! 우리의 전시회 성공을 위하여!"

"위하여!"

오종표와 같은 실력자와 공동 전시회를 열 수 있다니 순희는 너무 기뻐 건배 한 후 단숨에 잔을 비웠다. 프랑스에서 유학했던 순희에게 와인은 친숙했다. 한잔 더 권하는 오종표에게 와인을 더 받고 한 모금 마신후 순희는 기분이 이상해지는 걸 느꼈다. 몽롱하고 졸려 정신을 차릴 수 없었다. 휘청거리는 순희를 오종표가 부축하여 침대에 누였다. 오종표는 입술을 일그러뜨리며 히죽 웃었다.

새벽녘에 잠에서 깬 순희는 하복부에 심한 통증을 느꼈다. 포도주를 마실 때까지만 기억이 나고 그 뒤는 무슨 일이 벌어졌는지 알 수 없었다. 옷은 그대로 입혀진 상태이지만 화장실에 가보니 팬티에 핏자국이 보였다. 생리할 시기도 아닌데 보인 핏자국과 하복부의 통증에 자신이 잠든 사이 오종표가 자신을 범했다는 생각이 들자 번뜩 정신을 차렸다. 더구나 주량이 꽤 센 자신이 포도주 한 잔에 정신을 잃었다니 이해할 수 없었다. 오종표는 바닥 한 구석에서 코를 골며 자고 있었다. 분노에 찬 순희는 오종표를 큰소리로 불러 깨웠다.

"오 선생님! 오 선생님! 일어나 보세요."

순희의 외침에 오종표가 느리게 일어나 앉으며 시치미를 뗐다.

"어 깼어? 초저녁에 순희가 포도주를 마시고 이내 깊은 잠에 빠지는 바람에 일부러 깨우지 않았어."

"이게 무슨 짓이에요? 선생님 믿고 찾아온 저에게 이럴 수가요!"

순희는 앙칼지게 외치며 그의 눈을 쏘아 보았다.

"순희, 이게 무슨 짓이라니 내가 무엇을 어떻게 했다는 것이야!"

"제가 와인 한두 잔에 취하지 않는다는 건 더 잘 아시잖아요. 프랑스에서도 각자 와인 한 병 씩을 마시고도 멀쩡했던 제가 여기서 한 잔에 정신을 잃다니요. 이게 말이 되나요! 제 잔에 약이라도 탄건가요?"

"지금 자는 사람 깨워서 무슨 소리야? 순희, 제 정신이야?"

"저는 지금 멀쩡해요. 집까지 안전하게 데려다 준다고 하시지 않았나요? 제가 잠들었으면 깨워서 보내 주셨어야죠. 대체 무슨 짓을 한 거에요!"

"흥분하지 말고 내 말을 끝까지 들어보라고. 나는 너를 대학 1학년 때부터 십 년을 지도한 사람이야. 난 너에게 털끝만큼도 실수한 게 없다고."

"그 말은 끝까지 들을 필요가 없어요! 저를 여기 데리고 오기 전부터 계획적으로 꾸민 거예요?"

"너는 선생님한테 지금 배은망덕한 언행을 하고 있어."

"아니요! 선생님의 정체를 오늘에서야 알았네요. 혈흔과 분비물이 증거가 되겠지요."

몸이 부들부들 떨리는 순희와 달리 오종표는 오히려 차분해지고 느물느물해졌다.

"술이란 기분에 따라서 취할 수도 있는 거지. 술이

세다고 항상 멀쩡 하란 법이 어디 있나? 그리고 내가 도대체 무슨 짓을 했다는 거야. 난 순희가 원해서 안아 준 것밖에 없는데."

"제가 원하다니요?"

"순희가 먼저 나에게 안겼잖아. 내가 좋다고 안아 달라는 사람을 어떻게 거절하나. 난 순희가 그렇게 적극적인 사람인지 몰랐어. 이제 우리는 부부나 마찬가지니 부모님께 말씀드리고 결혼식을 올려야겠군."

오종표가 천연덕스럽게 지어내는 말에 순희는 피가 거꾸로 솟았다. 하지만 아무 것도 기억이 나지 않아 당장에 반박할 말이 떠오르지 않았다. 믿었던 도끼에 발등이 찍혀도 제대로 찍힌 것이다. 순희는 한 순간도 오종표와 있고 싶지 않아 밖으로 뛰쳐나왔다.

"이 새벽에 어딜 간다는 거야. 내가 차로 태워 줄 테니 잠시 기다려."

오종표가 따라 나오며 외쳤다.

"가까이 오지 마세요!"

순희는 소름이 끼쳐서 무작정 큰길까지 뛰었다. 그

리고 지나가는 택시를 황급히 잡아탔다. 그 뒤를 오종표가 차를 몰고 따라오며 크랙슨을 세차게 울렸다. 순희는 택시 기사에게 부탁했다.

"차 세우지 마세요. 저 사람 범죄자예요. 근처에 파출소가 있으면 거기에 내려 주세요. 크게 사례할게요."

용인 수지를 지나 서울 가는 길목에 택시가 들어서자 오종표는 더는 뒤따라 오지 않았다.

"기사님, 우리 집이 사직동이에요. 바로 예배당 앞에 파출소가 있는데, 거기에 내려주세요."

순희는 내자파출소에 들어가 당직 경찰관에게 전화한 통화만 사용하겠다는 부탁을 하고 어머니에게 전화를 걸었다. 밤새 집에 돌아오지 않던 딸을 기다리던 순희 어머니가 황급히 전화를 받았다.

"그래, 나다. 밤새 어디에 가 있었냐? 너 들어오기를 기다리느라 한잠도 못 잤어."

"어머니, 다급한 일이 생겨서 지금 예배당 앞 내자파출소에서 전화를 걸고 있어요. 집에 기사님 있으면 아버지 차 좀 보내주세요."

"그래, 일단 그렇게 하자. 나머지는 만나서 얘기하고."

순희는 억울하고 분한 생각이 다시 끓어올라서 수화기를 내려놓자 흐느끼기 시작했다.

15분 후에 이 회장의 전용차가 파출소 앞에 도착했다. 순희는 파출소 경찰관에게 고맙다고 인사하고 나와서 차에 올라탔다. 차 안에 어머니가 타고 있었다. 순희는 어머니를 보자 어머니 무릎 위에 얼굴을 파묻고는 설움이 복받쳐서 크게 울었다.

"순희야, 울어도 집에 가서 울어라. 차 안은 밖이나 마찬가지다."

"네가 이렇게 서럽게 우는 일은 처음인데 대체 무슨 일을 밖에서 당했기에 새벽녘에 이 난리니!"

딸이 울음을 그치지 않자 어머니도 따라 울며 딸의 등을 어루만졌다. 차가 집에 도착하자 정 여사는 운전기사에게 단단히 일렀다.

"조 기사, 새벽에 차타고 밖에 나갔다는 얘기를 회

장님께 말씀드리지 말게"

"네 알겠습니다. "

정 여사는 순희를 데리고 화실로 들어갔다.

"얘야, 도대체 무슨 일이 있었니?"

순희는 중간중간 눈물을 삼키며 오종표 집에서 당한 일을 소상히 일러바쳤다.

"세상에 이럴 수가 있나! 종표가 그런 몹쓸 짓을 너에게 하다니! 정말 천벌을 받을 놈이구나."

"어머니, 오종표를 성폭행으로 검찰에 고소하려고요! 죄값을 단단히 치르도록 할 거예요."

순희는 분한 마음이 가시지 않아서 계속 눈물을 닦아냈다.

"진정해라. 고소해서 상처난 네 마음과 몸이 온전히 돌아온다면 백번이라도 고소를 해야지. 그러나 고소할 경우에 네가 더 많은 상처를 입어. 그다음이 나와 아버지란다."

"어머니, 제가 고소를 안 하면 앞으로 다른 여성들이 당할 거예요. 법의 처벌을 받아야만 재발을 막을 수 있어요."

"네 심정을 엄마는 너무 잘 이해해. 나도 참을 수 없는 울분에 치가 떨린다."

"그렇다면 회사 변호사가 아닌 다른 변호사를 통해 고소하도록 도와주세요."

"순희야, 고소하였을 적에 그 놈이 너를 강간했다는 증거가 충분해야 한다. 네 펜티에 혈흔이 있고 네 손수건에 그의 정액이 묻었다고 제시한들 과연 의학적 증거로 채택될지 안될지도 모른다."

순희의 어머니는 눈물을 흘리면서 순희의 고소를 만류하였다. 그리고 말을 이었다.

"만약 네가 고소를 하고 신문과 방송을 통해 알려지면 난치병 의약품 개발에 세계적으로 명성을 떨친 네 아버지의 명예와 회사의 위상이 어떻게 되겠느냐!"

그 새벽 모녀는 그렇게 한참을 부둥켜안고 울었다.

한편 순희를 성폭행한 오종표는 뉘우침도 없이 자주 순희에게 전화를 걸었다. 순희가 받지 않으면 다른 여인을 시켜 순희에게 전화를 걸었다. 순희가 전화를 받으면 오종표가 히죽거리면서 애인이라도 되는 양 만나자고 요구했다. 순희는 전화를 피했고 대인기피증과 우울증 증세가 점차 심각해졌다.

오종표는 더 나아가 정 여사에게 연락해 순희와의 일을 소문내겠다는 은근한 협박과 함께 결혼 날짜를 잡으라고 종용했다. 정 여사는 순희를 오종표와 결혼시킬 의사는 추호도 없었지만 세간의 소문을 우선 막아야겠다는 생각에 부정도 긍정도 하지 않으며 시간을 끌었다. 하지만 결혼을 하지 않고는 오종표의 입을 막기란 불가능할 상황이었다. 집에 전화벨이 울릴 때마다 모녀는 동시에 온몸을 떨며 심장이 오그라붙었다. 오종표는 결국 정 여사와 순희가 백기를 들 수밖에 없으리란 생각에 이 상황을 즐기고 있었다.

*

이 회장의 운전사 조영달은 대원그룹이 운영하는 고아원에서 자랐다. 이 회장은 그의 성실함과 정직함

을 눈여겨보다 성인이 된 후 그를 기사로 고용했다. 그
가 이 회장 집에 기거하며 가족처럼 지낸 지 어느덧 6
년이 되었다. 최근 들어 이 회장 내외가 눈에 띄게 수
척해지고 고민이 많은 것을 조영달도 모를 리 없었다.
그는 그날 새벽 아가씨를 태우고 들어온 날부터 이 모
든 원인이 오종표에게 있다는 사실을 알아냈다. 평화
롭던 집안이 오종표로 인해 쑥대밭이 되자 영달은 이
회장의 은공을 갚을 날이 왔다 여겼다. 그는 순희와 이
회장 내외 대신 앙갚음을 해주리라 결심했다.

영달은 같은 고아원 출신 두 친구에게 전화를 걸었
다. 삼득과 세진이었다. 셋은 이 회장의 후원 아래 고
아원에서 십오 년 간 함께 지내온 친형제 같은 사이였
다. 영달은 두 친구를 만나자 사정을 설명하고 도움을
요청했다.

"삼득아, 세진아 내가 너희에게 부탁이 있어 만나자
고 했어. 너희도 알다시피 우리가 이 회장님 은공으로
다른 고아원과 달리 편히 먹고 공부하며 나름 이 사회
에서 자리를 잡고 살고 있지 않니. 이 회장님 댁에 요

새 큰 문제가 생겼다."

"무슨 일이 생겼다는 말이냐?"

삼득이 물었다.

"그 댁 따님이 미술 선생에게 강간을 당했는데 그 인간이 그걸 빌미로 결혼하자고 협박하는 거 같아. 고소도 못하는 거 같고 세간에 알려지면 집안 망신에 따님 혼삿길도 막힐 테고 내가 나서서 그 자식을 혼내줘야겠다. 너희들이 좀 도와다오."

"뭘 어떻게 도와주면 되겠니?"

"그 놈 집에 찾아가서 잠복하고 있다가 그 놈이 집에 들어오면 혼내주려고,"

"야 그건 범죄행위야. 잘못하면 우리 다 감옥에 갈수 있어."

세진이 걱정스럽다는 듯이 말했다.

"좀 알아보니까 이 놈이 잘생기고 그림을 잘 그려서 여자들이 많이 따라붙는데, 나쁜 짓을 우리 아가씨에게만 한게 아니야. 미꾸라지 같아서 법망을 요리조리 빠져나가거든. 이런 나쁜 놈 혼내주는 일인데 법 따위

난 무섭지 않아. 그래도 너희 둘이 똑같이 연루되는 것은 원치 않으니 그 놈이 어떻게 하고 다니는지 미행하다 적당한 날을 골라 잠복하는 것만 도와줘. 삼득이 너는 남의 집 문 따는 데 귀신이니 그 집 문만 따주고. 들어가서 그 놈 혼내주는 건 내가 알아서 할게."

잠시 생각에 잠겼던 삼득과 세진이 결심한 듯 말했다.

"영달아, 의리상 너 혼자 하라고 어떻게 하니 운명에 맡기고 협력할게."

삼득과 세진은 오종표를 미행하며 그의 일과를 체크했다. 오종표는 평일에는 보통 밤 10시가 넘어 귀가를 했다. 주말에 보통 나가면 여인을 데리고 들어왔다. 그 여인들은 다음 날 돌아가는 경우가 많았는데 돌아갈 때 보통 제정신이 아닌 듯 보였다. 오종표에게 안 좋은 일을 당한 것이 분명했다.

영달과 삼득 그리고 세진은 테러를 감행할 날과 시간을 정했다. 그들은 약속한 날 밤 9시 경 오종표의 집 앞에 모였다. 삼득이 잠겨 있는 자물쇠를 꼬챙이 하나로 귀신같이 열자 셋은 집안으로 들어가 숨었다. 비가 몹시 오는 날이었다. 어둠 속에서 복면을 쓰고 셋은 조용히 기다렸다. 열 시가 되자 오종표가 현관문을 열고 들어섰다. 현관불을 켜려는 순간 영달이 곤봉으로 오종표의 이마를 내리쳤다. 그는 끽 소리도 못하고 바닥에 쓰러져 정신을 잃었다. 셋은 오종표의 팔을 뒤로 틀어 밧줄로 동여 매고 발도 묶고는 수건으로 입을 틀어막았다.

"이 놈을 화실로 옮기자."

"이제 어쩌려고."

"어쩌긴 우리 회장님 딸을 망쳐 놓은 놈 내가 속 시원하게 때려주고 나올 테니 너희는 다른 방에 가 있어."

"너무 심하지 않게 다뤄."

둘은 내심 걱정하며 오종표를 화실에 두고 다른 방으로 갔다. 조영달은 주머니에서 안대를 꺼내 오종표의 눈을 가리고 그의 바지와 팬티를 모두 벗겼다. 그리고 안주머니에서 진통제와 주사기를 꺼냈다. 그 새 정신을 차린 오종표가 몸을 비틀어댔지만 손발이 다 묶여 있는 상태라 뭘 어찌할 수 없었다. 영달은 오종표의 생식기를 손에 쥐고 말했다.

"이놈아 네가 이 물건을 달고 있으면 네 명대로 못 살아! 그러니 더 오래 살 수 있도록 손 좀 봐줄게."

영달이 주사기를 오종표의 생식기 끝에 꽂고 주사를 놓았다. 오 분이 흐른 뒤 그는 오종표의 생식기를 힘주어 잡아당겼다. 마취제가 드는지 오종표는 고통을 느끼지 못했다.

"요놈 너는 다시 여자들을 울리지 못할 것이다."

영달은 오종표의 생식기 끝에 염산을 바른 후 수면제를 탄 물을 먹였다. 그리고 잠에서 깨면 제 발로 걸어 나갈 수 있게 묶인 발을 풀어 주었다. 옆방에 있던 두 친구가 궁금해서 문을 열고 돌아와 이 광경을 보고 크게 놀랐다.

"야! 영달아, 너 이 무슨 짓이야!"

삼득이가 물었다.

"염산 조금 이 자식 물건에 발라주었어. 평생 여자

농간 못하게."

세진이 큰 소리는 내지 못하고 잔뜩 화난 얼굴로 영달에게 욕을 퍼부었다.

"이 새끼 너 이런 짓을 하려고 우리를 불렀냐! 그냥 좀 때려 준다며?"

"너희들에게 미안하지만 용서해라. 이런 나쁜 새끼는 이렇게 다스리지 않으면 많은 여성들이 피해를 보게 돼. 너희들은 아무 잘못 없어. 이거 다 나 혼자 한 일이야. 너희들도 혹시 무슨 일이 생기면 모른다고 해."

침묵을 지키고 있던 삼득이가 입을 열었다.

"야, 일단 여기를 피하자. 복면을 써서 이 자는 우리 얼굴을 못 봤어. 장갑을 껴서 지문도 안 남았을 거야. 그런데 너무 오래 놔두면 더 큰 불상사가 일어날 수 있으니 나가서 신고라도 하자."

셋은 일단 오종표의 집을 나와 근처 공중전화로 향했다.

"세진아 네가 여자 목소리를 잘 내니 이웃집 아주머

니처럼 112에 신고해라. 옆집에 무슨 일이 있는 거 같다고."

세진이 경찰에 전화해 옆집에 강도가 든 거 같다고 전화를 한 이후 셋은 바로 자리를 떴다. 셋은 당분간 연락하지 않기로 하고 각자 집으로 돌아갔다.

다음 날 조간신문과 방송에 수지지구 염산 테러 사건에 대한 자세한 내용이 사진과 더불어 보도했다. 피해자의 생식기 상당 부위가 염산에 의해 화상을 입었다고 원한에 의한 가해자의 행위로 경찰은 단정했다. 오종표는 최근 3명의 여성으로부터 강간죄로 고소를 당했으나 3건의 고소 사건이 모두 무혐의로 처리된 것을 보고 경찰은 오종표를 고소한 3명의 여인에게 혐의를 두고 수사할 것이라고 보도하였다. 피해자는 병원에 이송되어 치료를 받았고 다행히 생명에는 이상이 없다고 했다.

경찰은 오종표의 집을 수색했다. 그리고 그에게 미술 지도를 받는 수강생 명단과 주소 전화번호가 적힌

수첩을 압수하였다. 수강생 명단에는 놀랍게도 남성의 이름이 한 사람도 없었다. 몇 달을 두고 수사를 계속했으나 용의자는 오리무중이었다. 용의자에 대한 정보를 제공하는 사람에게는 천만 원의 포상금을 지급하겠다고 경찰은 발표했지만 제공자는 한 사람도 나타나지 않고 장난 전화만 수없이 걸려와 경찰을 괴롭혔다.

이 회장 부인은 신문을 보고 딸을 위로해 주었다.

"순희야, 너만 당한 것이 아니라 다른 여성들도 여럿 오종표에게 당했구나. 그런 흉악한 인간을 네 선생으로 소개했으니 내 잘못이 크다."

"어머니가 무슨 잘못이 있어요. 속인 놈이 잘못이죠."

"네가 복수를 하지 않아도 다른 사람이 복수를 했으니 이제 그 놈에 대한 일은 잊어버리자꾸나."

"어머니, 그런데 오늘 오전에 저한테 용인경찰서 수사과에서 전화가 왔어요. 이번 사건의 참고인으로 소환한다며 내일 오전 10시까지 오라고 했어요."

순희 어머니의 얼굴에 금세 긴장의 빛이 감돌았다.

"순희야, 혹 그놈이 너를 겁탈했다고 자백했는지 모르겠다."

"그건 아닐 거예요. 제가 고소도 하지 않았는데 그런 일을 자백하다니요."

"얘야, 너 혼자 가지 말고 변호사를 대동하고 가는 것이 어떠냐?"

"어머니, 무엇 하러 이 사람 저 사람에게 알려요. 저 혼자 가겠어요."

"아니다. 이 애미와 같이 가자."

다음날 순희는 오전 10시에 용인경찰서 수사과를 어머니와 함께 찾아갔다. 전화를 한 이종상 형사를 찾았다. 이 형사는 친절하게 대해 주면서도 무슨 혐의가 있는 것처럼 의심을 두고 꼬치꼬치 캐물었다. 순희는 대답할수록 불쾌감이 높아졌다.

"최근 오종표 씨 집에 간 적이 있습니까?"

"네, 간 적이 있습니다."

"언제 가셨습니까?"

"날짜는 정확히 모르지만 두 달 전 쯤으로 기억해

요."

"무슨 일로 가셨나요?"

"그분이 새로 화실을 꾸몄다고 보여준다고 해서 갔어요."

"몇 시쯤에 가서 몇 시쯤에 돌아왔습니까?"

"제가 그런 질문에 대답을 해야 하나요? 경찰은 남의 사생활에 대해서 그렇게 물어볼 수 있나요?"

"경찰은 수사를 하기 위해서 의심이 가는 사람에게는 의심나는 점을 다 물어볼 수 있습니다."

"지금 형사님께서 저를 의심해서 수사하는 건가요?"

"물론 의심나는 점이 있어서 물어봅니다. 오종표 씨는 괴한에 의해서 자기 집에서 생식기가 손상되었습니다. 그리고 그전에 그는 세 여인으로부터 강간죄로 고소를 당했습니다. 이 세 여인 모두 오 씨한테서 미술지도를 받는 사람입니다. 그의 주소록에는 이순희 씨의 이름도 적혀 있습니다. 그의 일기장에는 이순희 씨와 관계된 내용이 자세히 기록되어 있어서 이순희 씨에 대해서 혐의를 둘 수밖에 없습니다."

순희는 오종표에게 가해한 혐의를 받고 있다는 점에 대해서 극도로 불쾌하고 기가 차서 흥분하였다.

"나는 그분한테서 그림 지도받는 일 이외에는 다른 일은 없었습니다. 그분은 우리 어머니의 제자이자 저의 그림 선생입니다. 우리 집에 그분이 출입한 지도 10년이 되었습니다. 그래서 가족처럼 지내는 사이인데 무슨 원한이 있을 수 있습니까!"

일차 참고인 진술을 마치고 돌아왔다. 순희는 자기처럼 성적으로 농간당한 여인들이 한둘이 아니라는 사실에 증오심이 끓어올랐다.

오종표는 그 일이 있은 후 화단에서 사라졌다. 하지만 남몰래 복수를 꿈꾸고 있었다. 그는 자신이 성적 불구가 되었다는 사실을 받아들이기 힘들었다. 차라리 팔다리 하나가 잘린 편이 나았다. 자신이 한 일에 일말의 반성도 없던 그는 이 일의 배후는 분명 순희일거라 짐작했다. 다른 여인들은 반쯤은 자신들의 의사로 관계를 맺었고 고소를 했어도 모두 돈으로 해결한 상황이었다. 관계를 억지로 맺으면 결혼할 줄 알았는데 결혼도 피하고 고소도 하지 않은 상황에서 이런 일을 겪으니 심증으로는 순희 집안 쪽 복수라는 데 확신이 들었다. 오종표는 성불구자가 되는 것도 모자라 추문으로 화단에서 내쫓기다시피 한 자신의 신세에 순희에게 모든 증오가 쏠렸다. 그는 이 원한을 꼭 갚으리라고 다짐하고 또 다짐했다.

붉고 어두운 ————

이후로 순희는 결혼에 대한 생각을 아예 접어버렸다. 자신은 그림과 결혼했다 생각하고 평생 독신으로 살 예정이었다. 그런데 상범을 만난 후 처음으로 마음이 흔들리는 것을 느꼈다. 순희와 상범은 만나는 시간이 길어지면서 본인들이 느끼지 못하는 사이에 서로의 상처가 조금씩 치유되는 것을 느꼈다. 만남이 잦을수록 순희도 상범을 박 변호사라는 호칭 대신 이름을 부르게 되었다.

두 사람은 주말마다 데이트를 하기에 이르렀다. 미술에서 시작한 화제는 어느덧 다양해져 두 사람은 서로에 대해 더 많은 것을 알게 되었다. 순희는 상범이 말수는 적지만 배려심이 깊다는 점에 마음이 끌렸고 상범은 순희가 대기업 회장의 외동딸에 학벌과 인물이 뛰어남에도 인간적이고 다정한 사람이라는 것에 호감이 깊어갔다. 이제 두 사람은 누구의 강요에 의해서가 아니라 자신들의 의지로 만나고 정을 쌓아갔다. 이 회장이 바라는 바대로 된 것이다. 이 회장 내외도 그런 순희의 변화를 알아채고는 순희와 상범을 이어주려고 적극적으로 나섰다.

"여보, 순희가 박 변호사를 만나고 성격이 다시 밝아졌어요. 당신도 느끼지요? 이제 얼른 둘이 혼인시켰으면 하는 데 당신 생각은 어떠세요?"

정 여사의 말에 이 회장도 흡족한 듯 웃으며 덧붙였다.

"박 변호사도 요새 얼굴이 많이 밝아졌더군. 그런데 지금 밀어붙이는 게 잘하는 건지 조금 더 기다려야 하는 건지 잘 모르겠단 말이지."

"박 변호사는 당신 말이라면 친아버지 말처럼 잘 듣잖아요. 당신이 운을 한 번 떼 보세요."

"그럼 내가 한 번 중매쟁이로 나서 볼까?"

이 회장이 호탕하게 웃었다.

다음 날 아침 이회장은 자기 집무실로 박 변호사를 불렀다.

"상범아, 요새 회사 생활에 힘든 점은 없어?"

"네 없습니다."

평소 회사에서 상범을 박 실장이라고 부르던 이 회장이 오늘 따라 다정하게 이름을 부르니 상범도 회사일로 부른 것이 아니라는 게 느껴졌다.

"내가 지난 밤 꿈을 꾸었어. 자네가 어떤 여인하고 결혼하는 꿈을. 그래서 내가 안 된다고 소리 지르다 깼지 뭐야."

"회장님도, 무슨 그런 꿈을. 그냥 개꿈인 걸요."

"그래서 말인데, 내가 자네한테 중매를 서려고 하는데."

"네 중매요?"

갑작스러운 중매라는 말에 상범이 의아한 듯 되물

었다.

"그래 남 주기 정말 아까운 여성이야. 자네한테 꼭 어울릴 거 같아서 말이지."

이 회장이 한바탕 크게 웃었다. 그제야 상범은 이 회장의 의도를 깨달았다.

"죄송합니다만 회장님. 저 지금 사귀고 있는 여성이 있습니다."

"그래? 난 자네가 여성하고 담을 쌓고 사는 줄 알았는데,"

"네 그랬는데 그 분을 만나고 생각이 바뀌었습니다."

이 회장이 기분이 좋아져 다시 물었다.

"그래 사랑하는가?"

"저는 그렇다고 생각하는데 상대는 잘 모르겠습니다."

"이 사람! 남자라면 먼저 용감하게 고백해야지. 어서 고백하고 사랑의 결실을 맺어 보게나."

"네 명심하겠습니다."

"곧 좋은 소식을 기다려 보겠네."

이 회장은 격려하듯 상범의 어깨를 두드렸다. 이 회장은 그날 집으로 돌아가 순희를 불렀다.

"순희야, 박 변호사를 만나보니 사람이 어떠니?"

"네 사람이 진실하고 거짓됨이 없어 보여 좋아요."

"그래 내가 많은 사람을 만나보았지만 박 변호사처럼 진실된 사람은 드물지."

순희가 시선을 내리고 부끄러운 듯 물었다.

"아버지, 제가 그 분하고 결혼하기를 원하세요?"

"물론이지. 박 변호사랑 네가 결혼하면 나는 사위뿐만 아니라 대원그룹 후계자도 같이 얻는 셈이야. 더할 나위 없이 고마운 일이지. 하지만 네가 싫다고 하면 강요할 생각은 없다."

"저에게 그 분은 과분한 분이에요."

순희의 말을 이 회장은 좋다는 걸로 받아들였다. 이제 상범이 순희에게 청혼한다면 모든 일이 순조롭게 흐르리라.

하지만 순희의 생각은 달랐다. 순희도 상범을 사랑했지만 자신의 과거를 잊고 상범과 행복하기는 어려웠다. 그녀는 상범에게 자신의 과거를 다 털어 놓아야 한다고 생각했다. 순희의 말에 정 여사는 펄쩍 뛰며 극구 만류했다.

"순희야, 네가 외간 남자와 통정하고 간통한 것도 아니고 겁탈을 당한 거다. 너는 피해자지 죄인이 아니다. 그런데 굳이 그 피해 입은 사실을 박 변호사가 알아서 좋을 게 뭐가 있니. 이 일은 그냥 우리 사이에 묻어 두자꾸나."

"어머니 저는 양심상 박 변호사에게 거짓말을 할 수 없어요."

"순희야, 진실을 다 말하는 게 사랑하는 사람을 위하는 길이 아닐 수도 있단다."

어머니의 만류에도 순희는 뜻을 굽히지 않았다. 그 일을 비밀로 묻어 두고 결혼한다면 평생 그 사람을 속이는 일이 될 거 같았다. 거짓 위에 지어진 사랑은 지속될 수 없다는 게 순희의 생각이었다. 이 고백을 한 후 상범을 다시 만날 수 없다하더라도 다른 선택의 여지가 없었다. 순희는 다음 번 상범을 만날 때 고백하기로 결심했다.

주말이 되자 늘 그랬듯 순희는 상범을 커피숍에서 만났다. 하지만 순희의 표정이 평소와 다르게 차분하게 가라앉아 있었다. 무슨 일이 있나 싶어 상범이 걱정하자 순희는 상범을 바라보며 말했다.

"상범 씨, 오늘 조용한 곳에서 긴히 말씀드릴 것이 있어요."

"조용한 곳이라고요? 여기는 안돼요?"

"네, 사람들의 시선을 피하고 싶어요. 우리 둘만 있을 수 있는 곳이었으면 좋겠는데."

"그렇다면 제 사무실이 제일 좋을 것 같은데요."

"그래요. 거기로 가요."

뭔가 심상치 않은 낌새에 상범도 긴장이 되었다. 상범은 순희를 자신의 사무실로 데려가 따뜻한 차 한 잔을 내주었다.

"순희 씨, 얼굴이 좀 창백해요. 집에 무슨 일이 있어요?"

"우리 이제 다시 만나지 못할 지도 몰라요."

순희의 눈에서 눈물이 뚝뚝 흘러내렸다. 상범은 갑작스러운 순희의 말에 갈피를 잡을 수 없었다. 이 회장이 상범과 순희의 결혼을 간절히 원한다는 것을 알고 있는데 도대체 무슨 일인지 짐작이 가지 않았다.

"못 만난다니요? 이해가 가지 않아요. 순희 씨 이제 제가 싫어지신 건가요?"

"그럴리가요. 상범 씨 같은 분은 제게 처음이자 마지막일 거예요."

상범은 자신이 빨리 청혼하지 않아서 순희가 그런가 싶어 그녀의 손을 잡았다.

"순희 씨는 저에게 넘치는 분이에요. 제가 아직 청혼하지 못한 건 순희 씨를 사랑하지 않아서가 아니라 제가 부족한 사람이어서입니다. 하지만 이제 말씀드리고 싶어요. 순희 씨 저와 결혼해 주시겠어요?"

순희는 이별까지 결심한 마당에 상범의 청혼을 받

으니 더욱 안타까워 눈물이 흘러 넘쳤다. 하지만 비밀을 털어놓기로 한 이상 더 이상 망설일 수 없어 마음을 다잡았다.

"상범 씨가 오히려 저에게 과분한 분이에요. 제가 오늘 상범 씨에게 고백할 일이 있어요. 꼭 끝까지 들어주세요. 제 말을 다 들으시고 상범 씨가 헤어지자고 하신다면 저는 두말 않고 따르겠어요."

순희는 흐르는 눈물을 닦고 조용히 말을 이어나갔다. 오종표라는 이름을 떠올리는 것만으로 치가 떨려 순희의 말이 가끔 끊기긴 했지만 상범은 아무 말 없이 모든 이야기가 끝나길 기다렸다. 순희는 상범의 침묵이 오히려 두려워 그를 바라볼 수 없었다. 이야기를 다 마치고 고개 숙인 순희를 상범은 가만히 안았다.

"순희 씨는 죄인이 아니라 도둑한테 패물을 도난당한 피해자일 뿐입니다. 정신적인 상처가 크시겠지만 순희 씨의 인격과 명예는 조금도 상처 나지 않았어요."

순희는 자신의 고백에 상범도 충격이 클 텐데 자신

을 오히려 위로해 주는 그의 마음이 고마워 깊은 정을 느꼈다. 하지만 이대로 결혼하는 것이 혹여 상처를 주는 건 아닐지 걱정이 앞섰다.

"상범 씨, 우리 사이에 비밀을 둔 채 결혼할 수 없어서 말씀을 드렸지만 이런 일을 알고 결혼하는 게 과연 옳은 일일까 싶어요. 저는 그 일이 있은 후 결혼은 단념했었습니다. 하지만 상범 씨를 만나고 자꾸 욕심이 생기네. 제 욕심으로 우리가 결혼해서 오히려 상범 씨가 불행해진다면 저는 이 결혼을 단념하고 싶습니다."

순희의 고백에 상범도 충격을 받았다. 이런 일을 겪었을 줄은 상상도 못했기 때문이다. 하지만 순희가 겪은 일을 알고나니 그녀가 싫어지는 게 아니라 더 애처롭고 보호해 주고 싶은 마음이 들었다. 그녀가 겪은 고통을 자신이 치유할 수 있기를 바랐다. 상범은 순희를 더 꽉 안고 말했다.

"순희 씨는 정말 올곧고 착한 사람이에요. 이렇게나 아름다운 사람이 그런 끔찍한 일을 겪었다니 제 마음이 너무 아픕니다. 그런 일로 죄책감을 가지다니 안될

말이지요. 나쁜 짓을 한 건 상대방인데 순희 씨가 왜 죄책감을 가져야 합니까? 저에게 순희 씨는 전과 다름 없이 차고 넘치는 분입니다. 저처럼 부족한 사람을 남편으로 맞아주신다면 저는 평생 순희 씨를 아끼고 사랑하며 살겠습니다. 저와 결혼해 주세요."

이별을 각오하고 상범을 만났던 순희의 눈에 기쁨의 눈물이 흘렀다. 그가 좋은 사람이라는 것은 알고 있었지만 이처럼 품이 큰 남자인 것에 자신이 행운아라고 느꼈다. 순희는 상범을 힘주어 마주 안았다.

*

결혼 준비는 순조롭게 진행되었다. 둘의 마음을 확인했으니 지체할 필요 없다는 양가의 의견에 따라 삼개월 뒤 10월 9일에 식을 치르기로 했다. 그날은 공교롭게 순희의 생일이었다. 이 회장은 대원그룹 외동딸의 결혼이라 떠들썩하게 알려지는 걸 원하지 않았다. 그래서 온양의 교회에서 조촐하게 식을 올리기로 했다.

드디어 결혼식 날이 밝았다. 화창한 가을 날씨가 두 사람의 앞날을 축복해 주는 듯했다. 이 회장의 뜻에 따라 친척과 회사 직원들에게도 알리지 않고 양가 가족과 친한 친구들만 초대한 작은 결혼식이 열렸다. 아담한 교회와 그림 같은 신랑 신부는 잘 어울렸다. 결혼 예배가 끝나고 피아노 반주에 맞추어 신랑 신부가 행복한 표정으로 발맞추어 퇴장하기 시작했다. 모두의 시선이 신랑 신부에게 머물며 축복의 박수를 쳤다. 그때였다. 오종표가 느닷없이 순희 앞으로 나타났다.

"이 배은망덕한 년아, 네가 나한테 이럴 수 있어!"

고함을 지르며 오종표는 신부 얼굴에 염산을 뿌렸다. 옆에 선 상범도 어찌 해볼 수 없이 순식간에 일이 벌어졌다. 그리고 오종표는 다른 손에 들고 있던 염산병을 들어 자신의 입에 털어 넣었다. 그의 입에서 뿌연 연기가 뿜어 나오더니 소리 한 번 지르지 못하고 눈이 뒤집혀 그 자리에 쓰러졌다. 뒷자리에 앉아 있던 운전사 조영달은 달려가 그를 안아올렸다. 자신이 친구

들과 벌인 그 일이 이런 참사로 돌아오다니 ……. 전혀
예상치 못한 일이었다. 의사를 부르기도 전에 그는 발
버둥치다 숨이 끊어졌다.

순희는 얼굴을 감싸고 울부짖었다. 교회 안은 아수
라장이 되었다. 이 회장은 구급차를 부르라고 고함을
치고 상범은 단숨에 화장실로 달려가 손수건에 물을
적셔 울부짓는 순희의 얼굴을 닦으려고 애를 썼다. 구
급차를 기다리는 것도 애가 타 상범은 순희를 그대로
안아서 자신의 차에 태웠다. 그리고 가까운 병원으로
미친 듯이 차를 몰았다. 응급처치를 받은 순희는 바로
서울에 있는 큰 병원으로 이송되었다.

수술실 앞에서 이 회장과 부인은 초조하게 의사가
나오길 기다리고 있었다. 상범은 귀 쪽에 염산이 튀어
상처가 난 지도 모르고 있다가 그제서야 응급처치 받
으러 갔다.

"신혼여행을 가야 할 신혼부부가 결혼 첫날부터 이
런 흉악한 일을 당하다니. 그 놈을 순희 미술 선생으로
들인 내 잘못인 것만 같아요."

정 여사가 한탄을 하며 눈물을 흘렸다.

"그런 놈인 줄 당신이 어떻게 알았겠소. 자책하지 말고 우리 힘냅시다. 우리가 힘내야 순희가 이겨낼 수 있어요."

이 회장의 심정도 무너져 내렸지만 이를 악물고 버텼다. 처치가 끝나고 얼굴에 붕대를 감은 순희가 수술실에서 나왔다. 처치를 마치고 돌아온 상범과 이 회장 내외는 얼른 담당의에게 다가갔다.

"선생님, 경과가 어떻습니까?"

이 회장이 애가 타 물었다.

"안타깝지만 양쪽 눈에 염산이 들어가 각막이 손상 돼 실명을 피할 수 없었습니다. 얼굴에도 심한 화상을 입어 경과를 보면서 피부 이식을 해야겠습니다. 피부 이식을 한다고 해도 삼십 퍼센트 정도 회복이 가능할 거 같습니다."

정 여사는 자리에 주저앉아 통곡했다. 이 회장과 상범의 눈에도 뜨거운 눈물이 흘러내렸다. 가장 행복한 순간에 찾아온 감당할 수 없는 불행으로 끝없는 나락으로 떨어지는 듯한 어질머리를 느꼈다.

마취에서 깨어난 순희는 자신의 눈과 얼굴이 온통 붕대로 감겨 있음을 느끼고 어머니를 불렀다.

"엄마, 내 얼굴 이거 왜 이래요? 저 괜찮은 거죠? 치료 받으면 다 낫는 거죠?"

순희의 말에 정 여사는 목이 메었지만 그저 그렇다고 괜찮아질 거라고 대답할 수밖에 없었다. 화상의 고통에 신음하는 순희에게 아직 진실을 말하기는 이르다고 생각했다. 하지만 언제까지 숨길 수는 없었다. 화상의 고통도 잦아들고 붕대도 풀 수 있게 되자 더는 순희를 속일 수 없었다.

모든 사실을 알게 된 순희는 잠에서 깨어나면 종일 흐느꼈다. 상범이 매일 병원으로 찾아왔지만 자신의 추한 몰골을 보이고 싶지 않다고 만나지 않았다.

"엄마, 나는 죽고 싶어요! 내가 무슨 죄가 있다고 이런 고통을 받아야 하나요! 양 눈이 멀어서 앞을 볼 수 없는데 내가 살아서 무엇을 할 수 있어요!"

"순희야, 내가 잘못했다. 다 내 잘못이야. 그런 인간을 우리 집에 끌어들이다니. 다 내 죄다 내 죄야. 네 불행은 다 내 책임이다. 이 엄마를 용서하지 마라."

"엄마를 원망하지 않아요. 그 인간의 잘못이 엄마의 잘못은 아니에요. 단지 두 눈이 멀어서 앞이 보이지 않으니 평생 이 어둠 속에서 어떻게 나날을 보내야 할지 막막할 뿐이에요. 그림을 그릴 수도 없고 잠자고 먹는 일도 남의 도움을 받아야 하니 말이에요."

순희와 정 여사는 서로 부둥켜안고 울었다.

잡은 손을 놓으며 ——

이 회장과 상범은 순희의 눈을 살릴 수 있는 방법이 없는지 백방으로 알아보고 다녔다. 그리고 드디어 각막 이식이 가능할 거라는 좋은 소식이 스웨덴에서 왔다. 이 회장과 상범은 곧바로 스웨덴으로 날아갔다. 정 여사 또한 기쁜 소식을 순희에게 알렸다.

"순희야 좋은 소식이다. 스웨덴에서 네 각막 이식 수술이 가능하다는 연락이 왔다. 아버지와 박 서방이 자세한 사정을 알아보려고 지금 스웨덴으로 출국했단다."

기대하지 않았던 기쁜 소식에 오랜만에 순희 얼굴에 웃음꽃이 피었다.

"네 정말요? 제가 다시 앞을 볼 수 있게 된다고요? 그런데 각막 이식 수술을 한다면 누구 각막을 기증받는다는 건가요?"

미자는 사실을 숨기고 싶었지만 나중에 알게 되는 것보다 미리 알고 수술을 받는 게 낫겠다 싶어 질문에 대답을 했다.

"실은 네 아버지 각막을 기증받기로 했다."

"네? 그게 무슨 말씀이세요. 아버지 각막이라뇨. 제가 앞을 보기 위해 아버지가 앞을 못 보신다니 저는 그런 수술은 절대 받을 수 없어요."

순희가 강하게 도리질을 쳤다.

"얘야, 진정해라. 아버지는 널 위해 무슨 일이든 하실 수 있는 분인 걸 너도 알고 있지? 아버지는 자신이 못 보더라도 양쪽 각막 모두 너에게 이식하고 싶다고 하셨지만 의사도 그럴 수는 없다고 했단다. 그래서 아버지 각막 중 하나를 너에게 이식하신다는 거야."

"그래도 제가 어떻게 아버지 각막을 받겠어요."

순희가 뚝뚝 눈물을 흘렸다. 미자는 순희의 눈물을

닦아 주며 다정하게 말했다.

"순희야, 이번에 우리 가족에게 닥친 큰 불행을 합심해서 극복해 보자. 양쪽 눈을 다 주고 싶은 아버지 마음을 네가 이해한다면 아버지 뜻에 따르는 게 아버지를 기쁘게 해 드리는 일이라는 걸 너도 알겠지?"

순희는 자신의 실명과 화상을 결혼으로 인한 불행이라고 단정하였다.

"엄마, 용서하세요. 십여 일 간 앞이 보이지 않는 암흑 속에서 지내다 보니 살아 있다는 그 자체가 얼마나 불행한가를 체험하는 중이에요. 수면제 먹고 잠자는 시간이 가장 행복한 시간이에요. 자면서는 불행을 느끼지 못하니까요. 그러다 보니 하루에도 몇 번이고 자살 충동에 시달려요."

"순희야, 이 모든 불행에서 벗어나기 위해서 하나님께 의지하고 기도해라."

"기도하고 있어요. 그러면서도 왜 하나님께서는 저에게 이런 가혹한 시련을 주시는지 의문이 들어요. 하나님께 의지하기보다는 원망을 많이 하게 돼요."

"어떤 어려움에 직면해도 하나님을 원망해서는 안된다. 하나님이 길을 열어주신다. 이제 너는 아버님과 박 실장이 기다리고 있는 스웨덴으로 가야 한다."

정 여사는 딸을 부둥켜안고 흐느꼈다.

정 여사는 이 회장 비서실의 주연희 비서와 대원그룹 대외협력실 차장을 대동하고 다음 날 스웨덴을 향해 떠났다. 순희는 안대로 양 눈을 가리고 얼굴의 반 이상은 붕대로 칭칭 감아서 누구인지 알아볼 수가 없었다. 특별히 웁사라대학병원 올손 박사는 항공사와 합의해서 서울-스웨덴 간 특별 간호사를 탑승시켰다.

비행기 안에서 순희는 수면유도제에 취해 깊은 잠에서 깨어나지 않았다. 14시간의 비행 끝에 정 여사와 순희 일행은 비상 출입구를 통해 공항을 빠져나가서 웁사라 병원으로 직행했다.

병원 사무실에서 이 회장과 박 실장이 정 여사 일행을 기다리고 있었다. 순희는 간호사의 부축을 받으며 소파에 조용히 앉았다. 이 회장은 마치 다른 사람 같이 느껴지는 순희를 마주하며 연신 눈물을 흘렸다.

"순희야, 잘 왔다. 정말 보고 싶었구나. 올손 박사님이 너를 잘 치료해 주실 거야."

순희는 아버지의 목소리를 따라 손을 뻗으며 울음을 터뜨렸다. 심하게 마른 입술과 입가가 파르르 떨렸다.

"저도 아버지를 다시 보고 싶어요. 아버지가 보이지 않으니 저를 안아 주세요."

이 회장은 끓어오르는 슬픔을 숨길 생각이 없었다. 어느 때보다 뜨거운 눈물이 온몸에서 흐르는 기분이었다. 그렇게 흘러야만 하는 눈물 같았다. 이 회장은 순희를 꼭 안았다. 어디를 향할지 모르는 순희의 손이 이 회장의 등과 어깨에서 다시 허공을 향했다. 올손 박사가 순희의 손을 잡았다.

"잘 오셨습니다. 우리 병원이 순희 씨를 위해서 최선을 다하겠습니다."

순희가 소리나는 쪽을 향해 영어로 말했다.

"선생님, 저의 치료를 맡아 주셔서 감사합니다."

상범이 오랜 침묵 끝에 순희에게 인사말을 건넸다. 그의 목소리는 무겁게 침잠한 채 약간 떨렸다.

"오느라 고생이 많았죠. 이제 다 괜찮아요"

그는 한 발 내밀어 순희의 손을 꽉 잡았다. 순희는 붕대에 감긴 얼굴로 상범과 마주하고 싶지 않았다. 순희는 고개를 숙였다.

"이런 모습으로 나타나서 죄송해요. 목소리만이라도 들을 수 있으니 한결 마음이 기쁩니다."

"순희 씨, 그런 생각은 전혀 하지 마세요. 누구에게도 죄송할 필요 없어요. 본인만 생각해요. 부탁해요."

"아버지, 저는 아버지의 안구를 뺏을 순 없어요."

"순희야, 그게 무슨 소리냐! 너는 나의 분신이다. 너는 나에게 나보다 중요하다. 네가 세상을 다시 볼 수 있어야 나도 세상을 볼 수 있는 것이다. 시술은 모레로 결정되었어. 받아들이기 힘들어도 나를 위해 해다오."

순희는 더이상 부모와 상범의 의견에 대치할 수 없었다. 몸과 영혼에 단 한 조각의 힘도 남아 있지 않았다.

이 회장의 안구는 그의 딸 순희에게 성공적으로 이식되었다. 이식 수술이 끝난 후 삼일 후부터 순희는 빛을 의식할 수 있었다. 그리고 희미하게 물체의 영상을 감지하게 되었다. 일주일 후부터는 사람의 모습이 희미하게 감별되었다. 순희는 어머니를 다시 볼 수 있다는 게 믿기지 않았다. 순희의 흐느낌은 끝이 없었다.

"어머니, 감사합니다. 아버지에게 한없이 죄송스럽고 고맙습니다. 아버지의 은혜를 어떻게 갚을까요."

"이제 진정하여라. 네가 슬퍼하고 흐느끼면 아버지는 더욱 불안해하신다."

"아버지는 어디에 계세요.?"

이 회장은 인공 안구를 이식 수술을 받기 전까지 순희의 차도를 물었다. 정 여사를 알아보았다는 소식을 상범이 전하자 고개를 끄덕이고는 수술실로 들어갔다. 이후 상범은 귀국 채비를 했다. 이렇게 오래 자리를 비울 수 없는 일이었다. 수술 후 이 회장의 건강 상태도 확신할 수 없었다. 수술실과 병실 사이를 배회하던 상범이 순희의 입원실로 들어섰다.

"나는 먼저 서울로 돌아가야 해요. 먼저 떠날 수밖에 없어 마음이 아파요."

순희는 말없이 몸을 일으켜 상범을 꼭 껴안았다.

"순희 씨, 사랑해요. 무조건 회복될 거예요."

두 사람은 한동안 서로 껴안고 흐느껴 울었다. 서로의 상황이 너무나 서글퍼서 눈물이 멈추지 않았다. 누구도 잘못한 일이 없는데, 어떻게 이런 결론이 나는지 어디에 원망할 수도 없었다.

일주일이 지나서 순희의 안구 이식 수술은 성공적으로 판명되었다. 이 회장은 순희의 시력이 살아났다는 의사의 말이 믿기지 않을 만큼 기뻤다. 이 회장과 순희의 수술 결과는 매우 양호하다는 게 스웨덴 의료진의 판단이었다. 안정을 위해 한 달을 머물던 순희는 빛 인식도 자연스러워 희미한 윤곽으로 누구든 알아볼 정도로 시력도 좋아졌다.

"아버지가 한쪽 눈을 나 때문에 실명하셨으니 얼마나 불편하세요."

옆에 서 있던 이 회장이 미소를 지으며 딸에게 말했

다.

"순희야, 아버지는 지금 무한히 행복하다. 내 눈이 살아서 네 눈이 되어 암흑 세상에 빠져 있던 너를 광명의 세상으로 인도해주니 이처럼 기쁠 수가 없다."

이 회장은 옆에 있는 정 여사를 향해서도 웃으며 말했다.

"여보, 내가 죽으면 땅속에서 다 없어질 안구였는데 사랑하는 딸의 눈이 되어 더 오래 빛을 볼 수 있으니 이 이상의 기쁨이 또 어디 있겠소."

순희의 병실을 나와서 정 여사는 이 회장에게 조용히 자신의 뜻을 말하였다.

"내년 봄에 순희 피부 이식 수술이 끝나면 내 안구 한쪽을 순희에게 이식시킬 수 있는지 박사님과 의논해주세요."

"아니, 당신도?"

"당신 수술이 성공했잖아요. 그러니 제 눈 하나를 주면 순희는 두 눈을 가지게 돼서 그림도 그릴 수 있을 거예요. 저는 이제껏 많이 그렸으니 필요도 없어요."

이 회장은 오늘 당장 올손 박사와 의논하겠다고 다짐을 하였다.

"그런데 순희에게 수술 직전까지는 말하지 맙시다."

"물론 그래야지요. 그런데 박 실장과 우리 딸의 결혼은 어찌 되나요?"

"결혼이야 무슨 문제가 되겠소."

"박 실장이 참 딱해요. 혼사를 치르고 여러 달이 지났는데 순희의 상태는 이렇게 되고……"

"혹시 순희가 뭐라고 하오?"

"박 실장과의 혼사를 무효로 할 수 없을까, 하고 물어요."

"결혼 무효라니? 이혼을 말하는 게요?"

정 여사의 눈에는 눈물이 차올랐다.

"여보, 저 아이는 천사 같아요. 순희 말을 좀 들어보세요."

"지금 둘의 결혼 생활을 얘기할 때가 아니잖소. 어떻게 하면 실명된 눈을 되찾을지 최선을 찾고 피부 이식 수술의 성공을 바라야 하는 때에요."

"순희는 불행의 운명을 받아들이고 있어요. 그러면서 박 실장이 자기와 같은 불행한 여인의 남편으로 살도록 하고 싶지 않다는 거예요. 피부 이식 수술을 해도 옛 모습을 되찾을 수 없다고요. 자기는 아이를 낳을 수도 없고 기를 수도 없을 거라고요."

"당신은 순희의 뜻을 받아주어야 한다고 생각하오?"

"그러면 어떻게 해요. 순희의 뜻을 받아주는 것이 딸을 편하게 해주는 것이지요."

상범은 귀국 후 매일 순희에게 안부 편지를 보냈다. 그러나 단 한 번도 회신이 없었다. 가슴이 답답하고 한편 고독감을 느끼게 되었다. 그러던 중 순희한테서 편지가 날아왔다.

　　존경하는 박 실장님께.
　　여러 번 편지를 주셨는데 그때마다 답신을 올리지 못한 점 이해해주세요. 시력이 글을 읽고 쓰기엔 역부족이라 어머니의 손을 빌어 답신을 올립니다.

제가 박 실장님을 존경하고 사랑하는 마음은 변함이 없습니다. 하지만 제가 예전으로 돌아갈 수 없다는 의사의 진단과 치료 결과를 들으면 실장님을 남편으로 섬기고 살아갈 자신이 없습니다. 이 화상의 흔적을 가지고도 우리의 결혼 생활이 행복할 수 있을지 저는 확신할 수 없어요.

평생을 함께해야 하는 부부가 화상의 아픔 속에 시간을 보내야 한다면…… 또 우리의 자녀들은 어떨까요. 설혹 부부의 연을 이어간다 해도 아이가 성장하며 엄마의 이 모습이 상처가 되지 않을까요? 그 멍에를 누가 치유해줄 수가 있을까요. 절대로 나로 인해 더 상처받는 사람이 없어야 한다고 생각해요. 이런 마음을 실장님도 이해해 주시리라 믿습니다.

존경하는 실장님, 정말 저를 아끼고 사랑하신다면 부디 저 혼자 자유롭게 살게 저를 놓아주세요. 진심이에요. 부디 건강하세요.

영원히 사랑을 담아, 순희.

상범은 편지를 읽자마자 눈앞이 캄캄한 기분이었다. 떨리는 손으로 바로 답장을 써내렸다.

사랑하는 순희 씨에게.

순희 씨가 보내주신 편지를 잘 받아 보았습니다. 편지를 읽는 내내 눈물이 흘렀습니다. 어떻게 슬프고 안타까운 심정을 표현할지 모르겠습니다. 저는 순희 씨와 결혼식을 올렸습니다. 불미스러운 일로 신혼여행과 신방의 행복을 갖지는 못했으나 저는 순희 씨의 남편이 될 모든 의식과 절차를 양가 부모님과 형제자매들이 지켜보는 가운데 마쳤습니다.

제 아내가 될 사람이 큰 부상을 입었는데 어찌 평범한 주부의 도리를 기대할 수가 있겠습니까. 저는 아내가 된 순희 씨가 건강을 되찾을 때까지 온갖 정성을 다해 봉사하고 시중을 들어야 할 의무가 있습니다. 저는 절대로 순희 씨의 곁을 떠나지 않겠습니다.

상범

순희 일행이 귀국한 건 상범이 답신을 보낸 후 일주일이 지난 시점이었다. 완전 실명의 위기에 처했던 순희는 사람들을 희미하게 알아보았다. 순희는 지난 2개월에 대한 물리적 감각을 느낄 수 없었다. 마치 시간 감각 능력이 시력과 함께 어딘가로 사라져버린 듯했다. 공항엔 상범이 마중 나와 있었다.

"순희 씨, 어서 와요. 그 새 얼마나 고생이 많았어요. 나를 알아볼 수 있나요?"

순희는 등산모를 깊이 눌러쓰고 스카프로 입을 가린 채 박 실장에게 악수를 청하였다. 상범은 긴장된 마음으로 그녀의 손을 잡아당겨 자신의 품에 끌어안았다. 순희는 그의 가슴에 얼굴을 파묻고 슬피 울었다. 쌓여 있는 그리움이 일시에 폭발하였다.

"순희 씨, 진정하세요. 아버님, 어머님이 기다리고 계세요. 속히 집으로 가요."

"실장님, 제 흉한 모습을 보고 놀라지 않았어요?"

"흉한 모습이라니요. 상처를 입은 것인데요. 자격지심을 가지지 마세요."

"실장님, 저는 목숨이 붙어 있을 때까지 영원히 실장님을 사랑할 거예요. 하지만 제가 편지로 보낸 말은 진심이었어요. 우린 결혼 생활을 할 수 없을 거예요."

"순희 씨! 말도 안 돼요. 우리는 엄연한 부부입니다."

"저는 한 가정의 아내가 될 조건을 모두 상실했어요. 가정을 돌보기는커녕 평생 돌봄을 받아야 하는 처지가 됐어요. 큰 짐이 될 거예요."

상범은 속이 답답하여 말을 이어가기가 힘들었다. 이 회장이 딸을 달래며 귀가를 독촉했다. 이 회장은 상범을 먼저 보내고 순희를 정 여사에게 맡겼다. 유리알처럼 언제 깨어질지 모르는 순희의 마음을 그렇게라도 감싸고 싶은 심정이었다.

"박 실장, 순희의 소원을 들어주는 것이 두 사람 모두에게 편한 길이 아닌가 싶네."

"지금 순희 씨는 환자입니다. 환자의 입장에서 하는 말을 그대로 믿어서는 안 됩니다. 건강해질 때까지 시간이 필요한 것뿐입니다."

이 회장은 순희와 상범의 의견에 모두 동의했다. 지난 수십 년간 무거운 책임감으로 수많은 결정을 내려온 이 회장에게 이렇게 힘든 결정이 있었나 싶었다. 순간 자신의 삶이 어쩌면 누구나 내릴 수 있는 결정을 다만 자신이 대리했던 것이 아니었나, 하는 생각이 들었다. 어쩌면 자신뿐만 아니라 그 누구의 삶도 다른 절대자에 의해 결정되는 것이 아닌가, 하는 의혹에 휩싸였다. 그렇다면 전전긍긍하고 아등바등했던 지난 시절의 노력은 모두 허상이었을까. 무엇이 인생이고 현실인지 분간이 어려웠다. 하지만 순희를 위해 흔들림 없는 아비가 되어야만 했다. 그것만이 자신 눈앞의 현실이었다. 이 회장은 상범과 한지붕에 살며 순희를 보살피고 싶었다.

"상범이 오늘부터 우리 집에서 숙식을 하게나."

"아닙니다. 제 집에 가야지요."

옆에 있던 정 여사가 이 회장의 말을 거들었다.

"박 실장은 이제 우리 사위인데 이층에 신방을 마련해 놓았어."

"회장님 그리고 장모님, 신부 없는 방에 저 혼자 들어가서 밤을 세우는 건 죽기보다 싫습니다."

정 여사는 상범을 설득하기 시작했다.

"박 실장이 말한 대로 순희에게 지금 필요한 것은 시간이야. 순희는 정말 자네를 사랑하고 있어. 스스로 자신의 모습을 받아들일 때까지 기다려야 하지 않겠나."

"장모님, 언제까지라도 저는 기다릴 수 있습니다. 몇 달이고 몇 년이고 참고 기다릴 수 있어요. 저는 오손도손 이 세상 돌아가는 얘기를 들려주고 싶습니다. 회사 돌아가는 얘기라도 들려주고 싶어요."

"정말 고맙네. 순희는 박 실장을 놓아 주는 것이 가장 좋은 덕행이라고 생각하니 그 갸륵한 마음도 이해해 주게나."

상범이 이 회장 댁 거실에 들어서자 순희는 모자를 벗은 채 소파에 앉아 있었다. 상범은 처음 순희의 흉터를 제대로 보았다. 그녀가 자신의 모습을 거울을 통해

본다면 죽고 싶은 마음이 하루에도 몇 번이고 일어날 것만 같았다.

순희는 망측한 도깨비 꼴이 되어 누군가의 아내로 산다는 게 상상이 되지 않았다. 차라리 죽음을 선택하는 것이 낫다고 생각했다. 아이를 가지면 자녀들은 엄마의 이런 모습에 실망하고 상처 입을 게 뻔했다. 양육자체가 가능할 것 같지 않았다. 추하게 살기보다는 아름답게 생을 마치는 것이 훨씬 나아 보였다. 과연 어떤 방법으로 죽는 게 가장 고통이 적을지 확신할 수 없었다. 어떤 방법으로 죽더라도 지금 이 순간보다는 덜 비참할 거라는 생각이 들었을 때 상범이 다가왔다.

그녀는 모자를 얼른 깊숙이 눌러썼다. 상범은 순희를 자신의 품에 꼭 껴안았다. 그리고 천천히 입을 맞추었다.

정 여사가 잣죽을 끓여 거실로 들어오자 상범은 자리를 피했다. 정 여사는 순희에게 잣죽을 떠먹이며 다시 스웨덴에 갈 일정을 얘기해 보자고 했다.

"어머니, 우리가 왜 스웨덴에 또 가야 해요?"

"수술한 네 시력을 증진시키기 위한 재검진을 한다 더라."

"언제 간다고 해요?"

"다음 주에 간다고 해. 나와 아버지와 비서실장하고 같이 간다."

"어머니, 부탁이 있어요."

순희의 어머니는 의아한 표정으로 순희를 바라보았 다.

"박 실장이 동행하면 안 되나요?"

"회사는 어쩌고. 네 아버지는 거의 회사에서 손을 놓았고 박 실장이 도맡아 한다던데."

"실장님 없이 제가 견딜 수 있을지 모르겠어요."

순희는 계속 눈물을 흘리면서 어머니에게 애원하였 다.

"그래, 아버지하고 상의하마."

상범은 두 모녀가 하는 말을 숨죽여 들었다. 정 여 사가 죽그릇을 챙겨 들고 나가자 상범은 순희 곁에 누 웠다.

"실장님, 옷이 다 구겨지면 어떻게요. 옷을 벗고 편히 누우세요."

상범은 전에 없던 순희의 적극적인 애무가 좀 의아했다. 정신적 혼란이 온 건 아닐까, 걱정이 들었다. 순희는 먼저 키스를 하면서 포옹을 했다. 상범은 분위기가 어색했지만 모처럼의 요구를 거부할 수도 없었다. 수동적으로 움직이자 순희는 더욱 적극적으로 그를 원했다. 상범은 어색한 동작으로 입고 있는 옷을 전부 벗었다.

"앞으로는 이런 부탁을 하지 않을게요. 지금 저는 무한히 행복해요."

무한히 행복하다고 속삭이는 말을 들으며 상범은 불안하였다. 순희의 행동이 낯설고 거칠어서 흥분되기보다는 염려스러웠다. 애무하던 순희가 문득 약 먹는 일을 도와달라고 청했다. 상범이 컵에 물을 따라서 주자 순희는 약을 먹고 침대에 누웠다. 피곤한 듯 눈을 감은 그녀 옆에 상범도 함께 누워 눈을 감았다.

한참을 그렇게 자다가 상범은 미동이 없는 순희가

걱정되어 괜찮냐고 말을 걸었다. 순희는 아무런 반응이 없었다. 이상하여 몸을 흔들자 그녀의 몸이 힘없이 흔들렸다. 베개에 깊이 묻은 순희의 얼굴을 바로 하자 입과 코에서 질척한 분비물이 새어 나오고 있었다. 상범은 고함을 지르며 침대에서 벌떡 일어나 순희를 안았다. 그리고 구급차를 불러 달라고 목이 터질 듯 외쳤다.

상범의 고함에 놀란 정 여사가 안방에서 뛰어나왔다. 정 여사는 창백한 얼굴로 상범과 순희를 번갈아 보았다. 의식을 잃은 딸이 사지가 늘어진 채 상범의 품에 안겨 있었다. 구급차가 도착하여 집에서 가까운 병원에 도착하기 전 이미 순희의 심장은 멈춰있었다. 뒤늦게 도착한 이 회장 부부가 통곡을 하였다.

"이 불쌍한 순희야, 네가 죽으면 우리 부부는 무엇에 의지해서 살라고!"

순희가 남긴 두 통의 편지가 전해졌다. 이 회장이 떨리는 손으로 먼저 딸의 유서를 뜯어보았다. 부인과 상범이 들으라고 조용한 목소리로 읽어 내려갔다. 그는 읽어 가면서 흐느꼈다.

　사랑하는 아버지, 어머니 보세요.

　세상을 먼저 떠나는 이 불효자식을 용서해 주십시
오. 제 불행한 운명으로 실명한 후 아버님께서 저를
위해 안구를 주신 사랑은 제가 느껴본 세상에서 가장
아름다운 것이었습니다. 하지만 저는 광명을 찾은 기
쁨보다는 아버님의 불구가 되신 것을 무척 슬퍼했습
니다. 이런 저와 다시 스웨덴에 가야 한다는 것이 저
에겐 무척 힘들게 다가왔습니다. 게다가 어머님이 저
를 위해 또 다른 안구를 주신다는 말씀을 전해 듣고
무척 괴로웠습니다.

　어머니는 우리나라에서 유명한 화가십니다. 저를
위해 눈을 주시면 어머니는 화가로서의 생명을 상실
합니다. 저의 불행으로 더는 부모님이 불구자가 되시
면 안 됩니다. 저는 피부이식이 성공해도 원상 복구
는 불가능하다고 들었습니다. 분명히 결혼식을 올리
고 한 지아비의 아내가 되었으나 이 불구의 몸으로는

아이를 낳을 수가 없습니다. 사랑하는 실장님을 불구자의 남편으로 평생 붙잡아 놓을 수가 없습니다. 아버지, 어머니 정말 저는 실장님을 진심으로 사랑합니다. 제가 사랑하는 그분을 위해서 좋은 배필을 만날 수 있도록 길을 열어 주세요.

아버지, 어머니 제가 세상을 먼저 떠나는 것이 큰 죄악이고 불효입니다. 그러나 이것이 저에게는 가장 행복한 선택이라 믿습니다. 저를 용서해 주세요. 그리고 부디 만수무강하세요.

순희 올림

상범은 울음을 참고 혼이 나간 사람처럼 멍하니 서 있었다. 정 여사는 흐느끼며 순희의 두 번째 유서의 겉봉을 뜯었다. 그리고 흐느끼며 읽었다.

사랑하는 박 실장님.

이 세상에 태어나서 부모님과 실장님 외에는 누구도 사랑한 적이 없습니다. 이 세상에서 실장님처럼 저에게 소중한 사람은 없습니다. 실장님을 사모할수록 제가 이 세상에 살아 있어서는 안 된다고 생각했습니다. 살아 있는 이상 부모님과 실장님께 짐이 된다는 것을 절실히 알게 되었습니다.

제가 사는 동안 절대로 실장님은 저를 버리거나 외면할 분이 아니라는 것을 잘 압니다. 끝까지 곁에서 저를 지켜 주시겠죠. 그러나 저는 실장님의 아내의 역할을 할 수 없는 사람이에요. 실장님을 제 곁에서 놓아드리는 것이 사랑의 보답입니다. 저 먼저 갑니다. 제 뜻을 이해하고 받아 주세요. 우리의 기억을 떠나보내세요. 그래야 새 삶이 들어올 수 있어요. 부디 저를 위해 슬퍼하지 말아요. 자신의 삶을 행복하게 살아주세요. 나중에 꼭 다시 만나요, 우리!

순희 올림

순희의 장례식은 3일장으로 끝났다. 순희의 장례식을 마친 집안은 한동안 적막과 슬픔으로 가족 간에도 대화가 없었다.

"박 실장, 자네는 결혼식을 치르고 신방만 꾸리지 않았지 내 사위가 된 것은 틀림없는 사실이야. 죽은 딸은 가엾지만 타고난 운명은 바꿀 수가 없지. 자네를 불구가 된 자신의 남편으로 잡아 놓고 싶지 않았던 거야."

"순희가 저로 인해 이 세상을 일찍 떠나간 것 같아서 죄송하기 이를 데 없습니다."

"하나님이 주신 운명이지. 내 딸의 죽음은 자네와는 무관한 것이네."

"제가 순희 씨 곁을 떠날 사람이 아니라는 것을 알기에 스스로 떠났다고 생각하면……."

"이제는 순희를 잊게나. 잊지 않으면 슬퍼서 할 일을 못 해."

이대원 회장은 상범의 손을 꼭 잡았다.

"오늘은 이런 얘기를 하려고 자네를 부른 게 아닐세. 내가 소유한 주식을 순희에게 상속할 예정이었는데 이렇게 되니 상속 대상이 없지 않나. 자네가 순희의 남편이고 내 사위인 이상 자네에게 상속할까 하네."

"저는 상속을 받을 수가 없습니다. 순희 씨 상속을 제가 물려받으면 평생 슬픈 마음을 가지고 살게 됩니다."

"그러면 어떻게 하나? 내가 죽으면 상속자가 없는데. 고집 세우지 말고 내가 하자는 대로 하세."

"회장님, 순희 씨의 이름으로 재단법인 장학재단을 만드는 건 어떨까요. 이사장직을 제가 맡겠습니다. 그 수익으로 어려운 학생들에게 장학금을 지원하면 영원히 순희 씨를 살리는 일이 됩니다."

이 회장은 고개를 끄덕이며 다시 상범의 손을 힘주어 잡았다.

"그거 참 좋은 생각이야! 꼭 그렇게 해주게."

비운을 거두고 ——

상범은 순희가 세상을 떠난 후 꼬박 일 년이 지나도
록 매주 일요일 순희를 찾았다. 그녀의 무덤에 그녀가
좋아한 붉은 장미를 올려놓고 긴 시간 기도를 했다. 이
소문은 자연히 이 회장의 귀에 들어갔다. 이 회장은 상
범을 만날 때마다 감사를 표했다.

"사위, 순희가 세상을 떠난 지 2년이 다가오네. 요
즈음 풍속은 집안 어른이 돌아가셔도 1년이 지나면 대
상을 치른 것으로 여기지 않나. 언제까지 홀아비로 지
낼 텐가?"

"그럴 생각이 없습니다. 제가 다시 결혼하면 순희
씨가 너무 가엽지 않을까요?"

상범의 뺨으로 눈물이 흘러내렸다. 이 회장 내외의 눈에도 눈물이 가득 고였다.

"자네가 순희를 생각해 주는 건 말할 수 없이 고맙네. 그러나 재혼하지 않는다고 죽은 순희가 살아올 리도 없고, 사람은 짝을 이루어 자녀를 길러서 사회를 번성케 하는 것이 하나님 섭리에 순종하는 일일세"

"아무래도 저는 여복이 없는 듯합니다."

이 회장이 무슨 뜻이냐는 듯 놀란 표정이었다. 상범은 한참 침묵을 지키다가 말문을 열었다.

"순희를 알기 전 제 인생에 두 여인이 있었습니다. 그런데 그들을 다 잃고 순희까지 잃었습니다."

상범은 진선과 자연이 사망한 사실과 그간의 사연을 다 털어놓았다. 이 회장은 잠시의 망설임도 없이 상범의 손을 잡았다. 두텁고 따뜻한 손이었다.

"전에도 잠깐 들어서 자네의 심정을 충분히 이해하네. 순희의 일로 이제 자네의 불행은 종말을 맞이한 것이라 생각하게. 자네 뜻대로 장학재단이 설립되지 않았나."

"네, 회장님, 그렇게 믿겠습니다."

이 회장 소유의 회사 주식은 전액 사단법인 장학재단에 기부됐다. 상범은 장학재단 이사장이 되고 대원제약회사 회장의 자리에 앉아 운영을 책임졌다. 회사는 승승장구 더욱 크게 발전하고 신약 개발에 따른 수출 증가율도 가파르게 상승했다. 상범은 대원그룹의 회장직을 물려받은 지 2년 만에 세간의 관심을 얻었다. 회사의 규모도 커진데다 재계 10위권 그룹의 실질적인 운영자가 40대를 넘은 독신자라는 소문이 삽시간에 퍼졌다. 딸 가진 사람들은 상범에 대한 관심을 서슴없이 드러냈다.

상범과 이 회장의 만남에 대한 인터뷰가 비즈니스 뉴스의 1면을 장식하던 날, 김창엽 원장은 이 회장 집무실을 방문했다. 김 원장은 간암 치료로 한국과 해외에서 명성 높은 권위자가 된 지 오래였다. 같은 대학교에서 이 회장은 약대를 졸업하고 김 원장은 의대를 졸업해서 관심 분야도 비슷했다. 동갑내기인 둘은 허물 없는 사이였지만 성격이 정반대였다. 이 회장은 차분하고 침착한 반면 김 원장은 개방적이고 쾌활했다. 김 원장의 두 아들은 모두 의사인데 막내딸이 피아노를 전공한 게 그나마 다행이라고 자랑 아닌 자랑을 하고 다녔다. 막내딸은 미국 유학을 다녀와서 근화음대 피아노 교수로 재직했다.

김 원장이 상기된 얼굴로 물었다.

"이 회장, 사실 내가 자네 사위에 대해 묻고 싶은 게 있네."

"사위? 딸도 없는 내가 어디에 사위가 있겠나?"

친한 사이라서 이 회장은 자조적인 농담을 했다.

"박상범 실장 말이네. 회장이 됐다며. 사실인가?"

"회장으로 승진시켰지. 사위나 아들보다 그게 훨씬 낫지 싶네."

이 회장은 만족한 얼굴로 칭찬했다.

"박 군이 결혼에 대한 생각은 어떠한가?"

"신혼 초야도 치르지 총각이라 딱히 물어보진 못했네. 혼인 얘기만 나오면 자리를 피한다네."

"자네가 붙잡고 있는 건 아니고?"

"본인 생각이 여간 확고한 게 아니라서……"

"이 회장, 자네가 박 실장에게 결혼을 강력히 권해야 하지 않을까."

"박 군은 온화하지만 고집이 있어. 안 하겠다면 절대로 안 하는 사람이야. 좌우간 타일러 보지."

"박 군이 저렇게 총각으로 버티면 자네가 원인이라고 남들이 수군거리기 쉬우니 자네가 설득하면 마음이 돌아설 걸세."

"고맙네, 혹 박군이 좋아할 여성들이 있을까?"

"아주 많지. 자네 회사야 거래 손님만 찾아오지만 우리 병원은 몸이 불편하거나 아픈 사람은 다 오지 않나. 온국민들이 자네 회사와 박 군을 알고 있지 않은가."

이 회장은 꿍꿍이를 알 수 없이 입바른 말을 하는 김 원장이 썩 마음에 들지 않았다.

"됐어! 이제 그만 비행기 태워! 어지럽다."

김 원장은 웃는 듯 아닌 듯한 표정을 짓더니 발 빠

르게 사라졌다. 한편 이 회장도 박 실장의 마음이 자못 궁금했다. 순희가 사망하고 2년이 지나도록 상범은 이 회장의 집에 발길을 끊은 상태였다.

별안간 집으로 오라는 이 회장의 연락을 받은 상범은 지체하지 않고 약속을 잡았다. 예감상 미루면 미룰수록 부담이 커지는 그런 종류의 연락이었다. 거실 소파에 앉은 상범은 집안을 둘러보다가 이 회장에게 말했다.

"집이 꽤 썰렁해졌네요."

"순희를 보내는 데 시간이 꽤 걸렸지. "

"너무 하셨습니다. 순희 씨가 그린 그림 하나라도 걸어 놓으시지요."

"아내가 너무 슬퍼하지 않겠나."

"하나만 걸어 놓으세요. 제 소원입니다."

"소원이라면 그렇게 하지"

상범의 눈에 눈물이 고였다. 도무지 익숙해지지 않는 슬픔이었다.

"좀 어려운 말을 하려 하네."

상범이 자세를 고쳐 앉았다.

"순희가 세상을 등진 지 2년이 지났는데 자네는 여전히 혼자 아닌가. 주위 사람들이 나를 비난할까 겁이 나네. 내 눈치를 보느라 아직도 독신으로 지낸다고 오해하지 않겠나."

전에 없이 바닥을 보며 말하는 이 회장에 상범도 심각한 표정이 됐다.

"회장님, 순희 씨의 사랑이 얼마나 깊은 것인지 저는 이제 알게 되었습니다. 아름다운 사랑을 또다시 얻는 건 지나친 욕심일 것입니다."

"순희는 불구의 몸에서 놓여나고 싶었던 게 아닌가. 자네가 이렇게 살면 또 다른 구속이 되지 않겠나?"

"아닙니다. 순희가 다른 여인과 살라고 한들 제가 그렇게 못 합니다."

"자네를 위해서 그리고 우리를 위해서, 내 죽은 딸을 위해서 자네의 길을 가주게. 그것이 정도일세."

간단하지만 무거운 대화였다. 이 회장은 김 원장에

게 기별을 넣었다. 이렇게까지 말했는데, 박 군을 설득
한 효과가 없으면 이 다음엔 무엇을 해야할 지 난감했
다.

며칠 후, 이 회장은 점심시간에 김 원장의 집무실에
방문했다. 집무실에는 두 명의 젊은 여성이 대기 중이
었다. 그 중 한 여인이 이 회장을 반갑게 맞았다.

"회장님, 안녕하세요. 저 미희에요"

자신을 미희라고 소개하는 여인의 얼굴이 낯설었
다. 김 원장의 막내딸이었다.

"아 그래, 이게 몇 년 만이야."

"10년 전 환송회 때 뵙고 오늘이 처음이에요."

김 원장이 청진기를 들고 빠른 걸음으로 다가왔다.

"미안하네. 좀 늦었네. 급한 환자가 있어서. 자네,
미희 알아봤나?"

이 회장이 머쓱한 눈빛을 하자 미희가 옆의 친구를
소개했다.

"제 친구 송혜순이에요. 미국에서 같이 공부했어

요."

미희의 친구는 한 눈에 알아볼 미인이었다. 문득 이 송혜순과 상범이 나란히 서면 어떤 그림이 나올지 궁금했다. 이 회장이 미희에게 물었다.

"남자 친구 있나?"

"없어요. 남자 친구 사귈 틈이 없어요. 연습하느라 시간이 부족한데요."

"그러면 친구도 남자 친구가 없나?"

"제가 알기에는 혜순이도 남자 친구가 없는 걸로 알고 있어요."

"그러면 두 사람 다 미혼이겠네."

"물론이지요. 우리 둘 귀국한지 얼마 안 되요."

아버지 성격처럼 쾌활한 미희가 깔깔 웃어댔다.

"회장님, 저 시집 보내주세요."

이 회장은 안주머니에서 명함판 사진 한 장을 꺼냈다. 그리고 미희에게 보여주었다.

"이 분이 누구예요? 미남이네요."

"우리 회사 회장이지. 좋은 신붓감 있으면 소개해

주려고."

김 원장이 빠르게 대화에 끼어들었다.

"혜순아, 이 사람 어떠냐?"

"글쎄요. 사진으로 봐서는 아주 좋은 분인 것 같아요."

그 말을 듣자 이 회장은 자리에서 일어나 밖으로 나갔다. 그리고 어디론가 전화를 걸었다.

상범은 약간 불안했다. 이제껏 이 회장은 한 번도 밖에서 점심을 하자고 불러낸 적이 없었다. 중식당 '천진반점(天津飯店)'의 룸으로 들어서자 네 명이 일제히 상범을 바라봤다. 미희와 혜순의 눈이 반짝였다. 사진보다 훨씬 나은 실물이었다. 상범이 방에 들어서자 제일 먼저 반긴 김 원장이 말을 이었다.

"두 숙녀분께 서울에서 가장 유명한 박 회장을 소개하지."

상범은 김 원장을 향해 정중히 인사하였다. 낯선 두 여인에게도 눈을 맞추는 인사로 대신하였다. 미희와 혜순이는 긴장한 표정이었으나 상범을 향해 머리 숙여 인사로 답례하였다. 몇 초간 그 누구도 말을 하지 않았다.

미희는 상범을 보고 첫눈에 반했다. 가슴이 두근거렸다. 사람이 어쩌면 저렇게 잘 생겼을까. 친구 혜순이를 불러들인 게 후회스러웠다. 혜순도 상범에 부쩍 관심을 보였다. 자존심이 강한 혜순은 아주 멋진 남성이라는 인상을 받았지만 무관심한 것처럼 딴청을 부렸다. 180미터가 넘는 장신에 이에 어울리지 않는 수줍은 표정에 더 눈길이 갔다. 그러면서도 얼굴에는 부드러운 미소를 담고 있었다. 상범의 시선은 미희보다 혜순에게 자주 갔다. 서구적인 미모에 새침한 표정이 매력적이었다. 두 사람의 시선이 오고 가는 사이에 미희가 끼어들었다.

"저 미국 가기 전에 박 선생님 뵌 적이 있었어요."

"그래요, 저는 잘 기억이 나지 않아요."

"그때 종합검진 받으신다고 오셨어요."

"기억력이 참 좋으시네요."

상범은 가볍게 웃었다. 김 원장은 겨우 이어진 대화의 불씨를 살려야 했다.

"박 회장, 다음 달 음악회에 같이 가지. 일만 하지 말고 예술에도 관심을 가져요."

"무슨 음악회인데요."

"저 혜순이 귀국 무대야. 반주는 내 딸이 한다네. 혜순이는 미국 유학 시절에 학교뿐만 아니라 유럽에서도 명성이 대단했지. 음악회가 아직 멀었는데 표가 벌써 매진이 되었어."

상범이 대답을 피하자 이 회장이 대신했다.

"걱정 마! 내 아내와 박 회장을 데리고 갈게."

그러자 혜순이 툭 튀어나왔다.

"이 회장님, 감사합니다. 제 독창회에 오신다니 정말 영광스럽습니다. 박 선생님도 꼭 와주세요."

새침하게 한마디 말이 없던 혜순의 말문이 터졌다. 미사여구 섞인 애교가 쏟아지기 시작했다. 순희가 자살한 이후 어느 여성에게도 눈길이 가지 않았던 상범의 관심이 혜순에게 쏠렸다. 참 아름답다는 생각이 들었다. 그는 나이 40이 넘도록 숫총각이었다. 사귀는 여인에 대해 성적 충동과 매력을 느껴도 교양과 지성으로 자신의 성적 충동을 억제하면서 살아왔다.

다음 날 상범에게 걸려온 전화는 뜻밖이었다. 혜순이 아주 상냥한 목소리로 말문을 열었다.

"퇴근하시고 다른 큰일이 없으시면 저를 만나주시겠어요?"

"무슨 일로요?"

"그냥…… 뵙고 싶어서요."

"그래요. 어제 만났던 인연으로라도 만나드리도록 하죠."

상범은 호탕하게 웃었다. 이런 일은 생전 처음이었다.

"몇 시에 퇴근하세요?"

"8시에 퇴근합니다. 어디서 뵙지요?"

혜순이는 성격 자체가 망설임이 없고 시원시원했다. 그것이 묘한 매력을 불러오며 대화의 활력을 일으켰다.

"저녁식사 시간인데 제가 대접을 하고 싶은데요."

"숙녀한테서 저녁 식사를 대접받는 일은 안 돼요."

혜순이 깔깔 웃었다.

두 사람은 종각 옆 레스토랑서 만났다. 혜순의 단골 식당이었다.

"바쁘신 분을 나오시라고 해서 죄송해요."

"아니에요. 저녁이면 별 볼일 없는 사람을 불러 주셔서 감사합니다."

"9시가 다 됐네요. 시장하시지요."

"아닙니다. 늘 이 시간에 저녁밥을 먹습니다."

"댁에서 누가 식사를 준비하세요?"

"도우미 아줌마가 준비해 주고 갑니다. 그런데 오늘 만나자고 하신 이유가…… 저에게 무슨 할 말이 있으신가요?"

혜순이는 멋쩍게 웃었다.

"아니에요. 그냥 만나 뵙고 싶어서요."

상범은 '그냥 보고 싶어서'라는 말이 흥미로워서 너

털 웃음이 나왔다.

혜순에게 상범은 전날보다 더욱 멋있는 남자로 보였다. 혜순은 아버지에게 상범의 배경을 꼬치꼬치 캐물었다. 상범이 아버지의 대학 후배라는 사실도 반가웠다. 저 인물과 학벌에 함께하는 여인이 없다는 게 의문스러웠다. 혜순은 자기가 상범을 행복하게 해줄 수 있다는 생각이 들었다. 누구에게도 빼앗기고 싶지 않은 남자였다. 미희가 상범에게 애교를 떨던 모습이 스쳤다. 미희보다 먼저 상범의 마음에 들고 싶었다.

"제 독창회에 와주신단 말씀이 너무 감사했어요. 영광입니다."

"물론 가야지요."

"혹 여자 친구가 있으시면 표를 미리 보내드릴게요."

"아, 그러지 않으셔도 됩니다. 혼자입니다."

상범이 껄껄 웃었다.

"정말 없으세요?"

여자 친구가 없다는 대답에 혜순이는 기분이 좋았

다.

"없어요. 사귈 시간이 없어요."

"없으시다고 하니까 제가 소개하고 싶어요."

"저에게 소개해줄 만한 여자 친구 있어요.?"

상범이 싫지 않다는 표정을 보였다.

"저 어떠세요?"

상범은 은근히 놀라는 눈치였다.

"정말이에요? 여태 남자 친구도 안 만들고 혜순 씨야 말로 뭐하신 거에요?"

"없었어요. 회장님처럼 저도 일하느라 바빴어요."

"유명한 성악가라 남자 친구 후보자가 많았을 텐데요?"

혜순이 남자 친구가 없다는 말에 자꾸 말이 많아졌다. 갑자기 궁금한 질문들이 연이어 떠올랐다.

"제가 큰 무대에 자주 서다 보니 남자 친구가 있을 거라고 생각하는지 접근하는 사람이 없었어요."

살짝 붉어진 혜순의 두 볼이 눈길을 끌었다. 그런 그녀를 계속 놀리고 싶었다.

"그래도 주변에 총각 성악가들이 많았을 텐데요."

"서로 장단점을 잘 알아서 이성 관계가 되지 않아요."

"저는 믿어지지가 않아요. 혜순 씨 같은 뛰어난 미인에게 남자 친구가 없었다면 무언가 잘못된 것이지요."

"그것이 저의 현실입니다. 등잔 밑이 어두워요. 물론 끈질기게 붙으려는 사람들은 있었어요."

"그런데 왜 못 사귀었요?"

"그야 마음에 들어야 사귀지요. 박 회장님처럼 남자다워야지요."

혜순의 말에 상범은 기분 좋게 껄껄 웃었다.

"저는 여자 복이 되게 없는 사람입니다. 그래서 친구가 되어줄 여성을 만난다는 희망을 버린 지가 아주 오래 되었습니다."

"이제는 희망을 가지세요."

혜순이는 명랑하게 애교를 부리며 웃었다. 상범은 굳은 표정으로 물었다.

"어떻게 희망을 가져요?"

"제가 친구가 되어드릴께요."

"진담이세요?"

"완전 진담이지요."

"저 같은 사람을 친구로 삼았다가 후회할 터인데 요."

혜순은 그 말이 왠지 일종의 경고로 들렸다. 자신을 여자 친구로 삼지 않겠다는 뜻으로 들리기도 했지만 그보다는 상범이 가진 불행에 대한 확신이 너무 무거웠다. 그러나 혜순은 물러서지 않았다. 기왕 닥친 거 한번 해보는 것이었다.

"저를 친구로 사귀어 보다가 끝내 제가 부족하면 싫다고 말씀해 주세요. 지체 없이 그 무대에서 퇴장할게요."

퇴장이라니…… 상범은 혜순이가 매우 재미있는 여자라고 생각하였다. 자존심을 다 털어버리고 자기에게 접근하는 혜순이가 싫지 않았다. 그는 손을 내밀어 혜순의 손을 꽉 잡았다.

"혜순 씨. 이제부터는 내 친구로 받아들이지요."

혜순의 애교 있고 상냥한 프로포즈에 마음이 그녀에게 기울어졌다.

달이 벌써 꽤나 기울었다. 시간은 밤 11시가 되었다. 상범이 택시를 잡으려 하자 혜순이가 물었다.

"제가 댁까지 모셔다 드릴께요."

혜순이는 사양하는 상범의 손을 잡아끌면서 주차장으로 갔다.

"저는 여성이 운전하는 차를 타본 적이 없는데요."

"저 운전 잘 해요. 잘 모셔다 드릴게요."

혜순이는 슬그머니 상범의 팔장을 끼었다. 상범은 그녀가 하자는 대로 따랐다. 혜순이가 차의 문을 열어주어서 상범은 운전석 옆자리에 앉았다.

"차가 아주 좋습니다."

"아버지가 사주신 거예요. 제 주제에 이런 좋은 차 살 형편이 되나요?"

"세계적인 성악가가 되었다고 신문에도 실렸잖아요. 문화회관 콘서트홀 전 좌석이 매진되었다고 들었습니다."

차가 출발하기 전 상범이 안전벨트를 매지 않자 혜순이는 몸을 상범에게 기대고 안전벨트를 매주었다.

"고맙습니다. 저는 늘 뒷좌석에 앉기 때문에 안전벨트를 매지 않았어요."

"다치면 큰일이지요. 대한민국의 건강과 장학 사업을 책임지는 귀하신 몸이신데……"

방금 몸에 닿은 감촉과 애정 어린 말이 어우러져 상범은 묘한 기분이 들었다. 그렇게 한참을 달리다가 상범은 분명히 평창동에 산다고 했는데 차가 강남 쪽으로 접어들자 당황했다. 혜순은 걱정하지 말라는 듯 웃으며 말했다.

"기왕 제 차에 타셨는데 우리 집에 가서 차 한 잔 드시고 가세요."

"지금 밤 11시가 훨씬 넘었어요. 이 늦은 시간에 혜순 씨 집에 가면 부모님께서 우리를 뭐로 보시겠어요. 얼른 차 세우고 저 여기서 내려주세요."

약간 정색을 한 상범의 말이 끝나자 혜순은 깔깔 웃

어댔다.

"놀라셨죠? 부모님 댁에 가는 게 아니고 제 집에 가는 거예요."

상범은 걱정스럽게 말을 이었다.

"더욱이 여자 혼자 사는 집에 이렇게 늦은 시간에 방문한다는 건 남들이 볼 적에 나를 아주 무례한 사람으로 여기지 않겠어요?"

"내 집에 내 손님을 모시고 가는데 누가 뭐라고 해요"

상범은 약간 걱정스럽기도 하고 한편 호기심도 있어서 그녀가 하자는 대로 따랐다.

그녀의 집은 논현동 대광아파트였다. 40여 평이라고 하는데 혼자 살기에 과분한 집이었다. 현관에 들어서자 혜순이는 과감하게 상범의 팔을 꼭 껴안았다. 누가 보아도 부부 같은 인상을 줄 듯했다. 상범은 어색한 표정을 지으면서 난감해했다.

"남이 보면 어떡해요?"

"뭐, 최대한 오해하면 부부인 줄 알겠지요? 이웃 간

에 인사는 많지 않아요."

집안에 들어오니 상범의 호기심이 더욱 커졌다. 도무지 예측할 수 없는 그녀의 다음 행동이 궁금해졌다. 기다렸다는 듯 혜순이 상범의 옷을 받았다. 그리고 소파 단독 의자로 그를 앉히고는 싫다는데도 상범의 양쪽 양말을 억지로 벗겨내었다.

"땀에 배어서 냄새가 심해요. 곧 빨아올게요."

상범은 거부를 하기에 앞서서 혜순이 신속히 행동하니 말릴 틈도 없었다. 그녀는 목욕탕 빨래통에 상범의 양말을 던져 넣고 이번에는 대야에 물을 채워 가지고 와서 상범의 발을 씻기기 시작했다.

"회장님, 시원하시죠? 저의 예절이고 인사입니다. 흉보지 마세요. 저도 난생 처음 해보는 일이니까요."

"저도 처음 당하는 일이네요. 언제나 사양할 틈도 주지 않고 전광석화처럼 빠르시니 제가 이렇게 두손 두발 다 들었습니다. 좌우간 고맙습니다."

상범은 종일 구두에 갇힌 발을 씻고나자 기분이 매우 좋았다. 혜순이 대야의 물을 버리고, 포도주 두 잔을 가지고 와서 건배를 권했다.

"혜순 씨 너무 하지 않습니까. 이제 자정도 지나서 집에 가야 할 시간이 지났는데 술까지 마시면 어떻게 집에 데려다 주실려고요!"

"포도주는 술이 아니에요. 걱정 마세요. 건배하고 잘 모셔다드릴게요. 우리의 건강과 행복을 위해 건배!"

두 사람은 한입에 포도주를 마시고 빈 잔을 보였다.

"정말 이제 집에 가야지요. 더 늦기 전에."

"집, 집, 집, 하시는데요, 집에 가시면 누가 기다리는 사람이 있어요?"

"있긴 누가 있어요. 저 혼자 사는데요."

"그러면 잠시 눈을 붙이셨다가 조반 드시고 가세요."

혜순은 태연하게 웃으면서 상범을 붙잡았다. 상범도 싫지는 않았다. 말은 집에 가야 한다고 하면서도 실은 진심이 아니었다. 상범은 못 이기는 척 혜순이 손목을 잡고 이끄는 대로 따라갔다. 손님방 침구가 다 새것이었다. 아담하게 잘 꾸며놓은 방이었다.

"이것 황송해서 어떻게 하지요. 숙녀 혼자 사시는 집에 홀아비가 염치없이 잠까지 자고 가면 예의범절을 모르는 인간으로 전락하는데."

"회장님, 절대 아닙니다. 저에게는 정말 귀한 손님입니다. 저는 이때까지 누구를 사랑해본 적이 없었어요. 그런데 회장님을 처음 만난 후로 제가 홀로 있을 수 없을 것 같았어요."

거실에서와 달리 혜순의 목소리는 차분하게 가라앉아 있었다. 상범은 만난 지 두 번밖에 안 되었는데 자신을 이토록 여긴다는 고백을 들으니 걱정이 앞섰다.

"혜순 씨, 아직 저는 혜순 씨를 받아들이기에는 마음의 준비가 되어 있지 않아요."

"아, 용서하세요. 저는 저의 심정을 말했을 뿐이에요. 죄송합니다."

상범은 문득 혜순에게 미안했다. 그녀는 한국의 가장 큰 무대에서 스포트라이트와 환호를 받는 소프라노 가수였다.

"죄송해 하지 마세요. 죄송해 하라고 그런 건 아니에요. 혹시 이러면 혜순 씨의 마음이 풀릴까요?"

상범은 혜순을 향해 가만히 팔을 벌렸다. 혜순은 몇 걸음 걸어가 상범을 끌어안았다. 그리고 약간 눈물에 젖은 음성으로 속삭였다.

"덕분에 이번 독창회 잘 할 수 있을 것 같네요."

"잘 됐네요. 근데 무엇 때문에 오늘 저를 붙잡으셨나요?"

상범은 혜순을 안은 채로 껄껄 웃으면서 물었다.

"남녀의 만남은 운명적인 것이 아닐까요."

"왜 그렇게 생각하세요?"

"주변 부부를 보면 억지로 사는 것 같아요. 연애할 적에는 좋았다고 해요. 그러나 몇 년이 지나니 결혼 후보자를 잘못 선택했다는 것이에요. 아버지 생각도 그렇고 어머니는 아버지보다도 더욱 결혼 생활에 환멸을 느낀다고 해요."

"그러면 이혼하시고 좋은 사람을 찾아 재혼하면 되지 않아요."

"그렇지 않아요. 결혼하고 10년이 지나면 부부 간의 성격 차로 불협화음이 생기지요. 부부 간에 이혼에 합의해도 자녀 관계 때문에 쉽지 않아요. 또 사회적 지휘가 있다 보면 사회적으로 멸시당하는 것을 감당할 자신이 있어야 하는데 체면과 명예, 자존심 때문에 싫어도 사는 것이지요."

"그런 것 보면 제 팔자가 좋은 것 같아요. 아내도 없고 여자 친구도 없고 애인도 없으니 저를 귀찮게 하는 사람도 없고 어느 여인을 만나도 질투하고 잔소리하는 사람이 없으니 늘 마음이 편안하지요. 그래서 건강하지요."

혜순이 갑자기 샐쭉한 표정을 지었다.

"방금 실언하신 것 같아요."

"내가 왜 실언해요. 아주 정확히 내 의사를 말했는데요."

"실언했어요. 엄연히 박 선생님의 여자 친구이자 애인이 여기 있는데 아무도 없다니요."

"그런데 만난 지 24시간도 지나지 않았는데 친구에

다가 애인까지 된 건가요?"

회장이란 호칭은 '선생님'으로 바뀌어 있었다.

"애인과 친구가 되는 건 시간이 아니라 마음이에요. 제 마음에는 박 선생님이 벌써 제 친구이자 애인으로 자리를 잡았는데요. 누가 뭐라 해도 지울 수 없어요."

상범은 어이가 없기도 하고 혜순의 대담성이 놀랍기도 했다. 어찌됐던 싫지는 않았다.

"박 선생님하고 같이 있어서 행복해요. 바라보는 것 자체로요. 이제 눈 좀 붙이세요."

혜순은 상범을 껴안듯 부축하면서 침대에 뉘었다. 상범은 남의 집에 그것도 여자 혼자 사는 집에 따라와서 잠까지 자고 간다는 것이 무척 부담스러웠다. 그러나 새벽 3시가 넘어서 피곤이 밀려와서 혜순이 이끄는 대로 침대에 올라 누었다. 손등으로 눈을 가리고 잠을 청했다.

새벽의 집은 고요했다. 혜순은 상범의 팔을 베개 삼아 베고 그의 가슴에 파고 들었다. 그리고 상범의 입술에 가벼운 키스를 했다. 상범은 잠에서 깨어났다. 만난

지 하루밖에 안되었는데 지나치다는 생각이 들었다. 절차를 모르는 사람 같기도 하고 마치 자신을 난봉꾼으로 여기는 듯했다. 왠지 큰 실수를 범한 듯하여 자리에서 벌떡 일어났다.

"왜 벌써 일어나세요. 좀 더 주무세요."

"아닙니다. 이제 가봐야 합니다."

"제가 모셔다 드릴게요. 제가 준비할 때까지만 잠시 기다려 주세요."

"아닙니다. 나가면 택시가 많을 것입니다."

상범은 세수도 하지 않고 일어나는 길로 집 밖으로 나갔다.

혜순은 신발도 신지 않고 맨발로 출입구 문밖까지 따라 나와서 상범의 옷소매를 잡고 말했다. 몇 번 사양을 해도 그녀는 물러서지 않았다

"그러지 마시고 조반만 드시고 가세요."

상범은 옆집 사람이 문을 열고 나올까봐 조마조마해서 자신의 고집을 버리고 그녀를 따라 집안으로 들어갔다.

"혜순 씨 뜻대로 조반을 들고 갈 것이니 나를 풀어 주세요."

"선생님, 축하드려요. 하룻밤 내 집에서 주무셨으니 내 집 식구가 되셨어요."

"어쩌다 식사 한번 잘못해서 내가 이렇게 끌려 다니니 참 한심한 일입니다."

"저는 선생님이 내 친구가 되어 주신다고 약속하면 절대 괴롭히지 않을 거예요."

상범은 이 미모의 여인과 진심으로 사귀어볼까, 하는 마음이 일었다.

"혜순 씨, 내 어디가 그렇게 괜찮나요?"

"아버지한테서 다 들었어요. 박 선생님의 사연을 듣고 정말 오래 울었어요."

상범은 지난 날의 비운의 삶이 떠올라서 슬픔이 차오르기 시작했다.

"혜순 씨, 저에 관한 사연이란 것…… 다 말이 잘못 옮겨지고 부풀려진 거예요."

순간 혜순이 몇 걸음 다가와 상범을 살포시 안았다.

상범도 흐르는 눈물을 삼키면서 혜순을 안았다.

"고마워요. 나를 위로해주니 고마워요."

"제가 아침 준비하는 동안 잠시 침대에 누워 계세요."

상범은 침대에 눕자 이내 깊은 잠에 빠져들었다. 혜순이 상범을 깨울 적에는 해가 중천에 떠 있었다. 혜순은 상범을 잠자리에서 부축해 일으켜 주면서 아무런 거리낌 없이 그의 가슴에 얼굴을 파묻었다.

"선생님, 제가 이러는 것 싫으시지요?"

"싫기는 왜 싫어요."

혜순이는 상범의 가슴에 묻었던 얼굴을 들고 활짝 웃었다. 상범은 지긋이 눈을 감고 혜순의 시선을 피했다.

"이러다가 혜순 씨가 나중에 후회하고 실망하고 울고불고할까봐 겁나네요."

혜순이는 생글생글 웃으면서 또랑또랑 대답했다.

"사랑하는 사람이 있다는 그 자체로 행복해요."

"그러면 혜순 씨는 그동안 사랑하는 사람이 없었어

요?"

"있었어요. 지금은 하늘에 있어요."

"아이구, 저런! 어쩌다가요?"

혜순은 상범의 질문에 한동안 대답을 하지 못했다.

"얘기 하자면 길어요. 남자 친구의 부모가 우리 두 사람의 결혼을 극구 반대했어요."

"나는 평생 장가 들 팔자가 안 되는 사람이라고 여겨왔는데…… 혜순 씨는 끝까지 남자 친구와 결혼하겠다고 주장했으면 그쪽 부모도 나중에는 동의하지 않았을까요."

"남자 친구의 어머니는 우리들이 결혼하면 자결한다고 했습니다. 저는 남자 친구의 구혼을 받아들일 수 없었어요."

"왜요? 그렇게 열열히 구혼하는데요."

"그의 어머니의 자살을 막기 위해서는 거절할 수밖에 없었어요. 그런데 남자 친구가 자살을 했어요."

혜순의 눈에서 눈물이 흘러내렸다. 갑작스런 상황에 상범은 무슨 말을 해야할지 몰랐다.

"네. 저는 친구로서 지내자고 설득했지요. 그런데 그런 비극이 벌어지고 말았어요. 생각할수록 그 사람 가엽고 불쌍해요."

"어쩌면 저와 비슷한 운명의 주인공이 되었네요."

"이게 무슨 조화인지 나도 몰라요. 선생님을 보는 순간 절대로 놓쳐선 안 될 분이라고 생각했어요. 저는 자존심도 다 버리고 박 선생님께 매달리고 있는 것입니다."

상범이 그녀의 손을 잡았다.

"혜순 씨, 고마워요. 나 같은 사람에게 혜순 씨는 정말 과분한 여인입니다."

"진심이세요 선생님? 진심이라면 저를 안아 주세요."

상범은 모든 것을 감성과 본능에 맡겼다. 애써 저항하거나 의심하지 않고 자연스럽게 흐르는 쪽으로 따라갔다. 상범은 혜순이를 깊이 안고 입을 맞추었다.

"나도 이제부턴 자유롭게 살고 싶어요. 좋으면 좋은 대로 싫으면 싫은 대로…… 그런데 우리 두 사람은 속

도가 엄청 빠르군요."

"선생님, 정말 멋지세요. 인간적 자세로 돌아오시니
까 내가 어쩔 줄을 모르겠어요."

"전에는 비인간적으로 보였어요.?"

"인위적으로 지키시려는 노력이 역력히 보였어요.
한편 존경스럽기도 했지만…… 지금 이렇게 애를 써서
그 허식의 쇠사슬을 풀어 드리는 중입니다."

상범은 큰 소리로 웃었다.

"고마워요. 앞으로 날 어떻게 해주려고요?"

"내 남자로 만들어야죠. 전 거짓말 안 해요."

혜순이는 상냥하게 웃으면서 상범의 목에 매달렸
다.

"박 선생님과 저는 어제 친구를 지나서 오늘 연인이
되었으니 내일 결혼식만 올리면 우리는 부부가 되지
요."

상범은 약간 미간을 찌푸리며 말했다.

"한마디로 엉터리네요. 앞뒤가 없는 사람이에요. 그
리고 절차도 없고요."

"그 외엔 또 다른 것은 없나요?"

"있어요. 지금 당장 말해야 되나요?"

"그럼요. 당장 말해주세요."

혜순이는 귀엽고 장난기 어린 얼굴로 그의 대답을 기다렸다.

"아름다워요. 정말 미인이에요."

"진심이세요? 미인을 좋아하세요?"

"그럼요. 아주 좋아하죠. 지금까지 내가 본 여인 중 제일 아름다워요."

"아주 좋으면 내 남편이 되어주세요."

"혜순 씨, 난 한 여인의 남편이 되기엔 너무 부족한 점이 많아요."

"아니에요. 내 남편으로 평생 잘 모실 것이니 오늘 허락해주세요!"

"아니, 이런 엉터리 청혼이 어디 있어요. 서로 일정 기간 교제하고 서로 마음에 드는지 시간을 두고 더 얘기합시다."

더는 안 되겠다 싶어서 상범은 자리에서 일어났다.

그녀가 붙잡는 것을 뿌리치고 집 밖으로 뛰쳐나왔다. 혜순이 그의 뒤를 졸졸 따라 나왔다.

"들어가세요. 또 올게요."

"지금 대답해 주세요. 제 독창회가 일주일밖에 안 남았어요. 제 운명이 걸린 독창회입니다. 또 오신다고 약속해 주세요."

"내일 아침에 바로 혜순 씨를 만나러 올게요. 교회에 다녀올게요."

"저도 데리고 가세요."

"남의 눈이 있는데요."

"교회에 같이 가는 것이 얼마나 축복받는 일인데요. 어느 교회인데요?"

"세종교회, 7시반 1부 예배입니다."

상범이 택시를 잡으려 하자 혜순이 상범의 손가방을 빼앗아 들고 저만치 가더니 자기 차를 몰고 나왔다. 상범이 운전대 옆자리에 올라타자 혜순이 능숙하고 빠르게 차를 몰았다.

"여기가 선생님 댁인가요? 집 구경좀 시켜주세요."

"집까지 데려다 주셨으니 차라도 대접하지요."

아파트 출입구로 여러 사람이 밀려나왔다. 그 중에
한 여인이 상범과 혜순 쪽으로 다가오며 반가운 듯 큰
소리로 말했다.

"혜순이 아니니? 어머, 이게 왠일이야?"

그녀는 혜순을 확인하고는 다가와서 혜순을 껴안았
다. 그리고 옆에 서 있는 박상범을 보고는 놀란 표정을
지었다. 그녀와 혜순은 미국 유학 시절에 친했다가 한
국에서 재회한 듯했다.

"혜순아, 근데 여긴 무슨 일로 왔어?"

"나는 오빠네 집에 왔어. 내 오빠 소개해 줄게."

상범은 당황했다. 면전에서 오빠가 아니라고 할 수
도 없었다.

"오빠? 너 오빠 없잖아? 너희집 딸만 셋이잖아."

"응, 나하고 결혼할 오빠야."

상범은 혜순의 당돌한 말에 깜짝 놀라면서도 겉으
로는 태연한 척 고개를 숙였다. 빨리 이 자리에서 벗어
나고만 싶었다.

"참, 신문에서 네 기사 봤어. 네 독창회를 열어 주는 기업 회장님 얘기도 멋있더라. 아, 잠깐만 있어봐."

혜순의 친구는 옆에서 웃고 있던 남편을 소개했다.

"안녕하세요. 처음 뵙겠습니다. 최동익입니다."

"반갑습니다. 박상범입니다. 여기서 산 지는 일 년 되었습니다."

"실례지만 혹시 대원그룹의 박상범 회장님이 아니신지요?"

"네, 맞습니다. 어떻게 절 아시지요?"

상범은 미소 지으면서 악수를 청했다.

"얼마 전 경제신문에 대원그룹의 신임 회장 취임을 대서특필로 소개하였습니다."

"아, 그렇습니까. 같은 아파트에 사니 자주 뵙기를 바랍니다."

혜순이는 친구 내외와 현관에서 헤어지는 인사를 나누고 상범을 따라 엘리베이터를 탔다.

"정말 아파트가 대단하네요. 엘리베이터도 수준이 다르네요. 호화찬란한데요."

혜순이는 상범의 팔장을 끼고 생글생글 웃으면서 엘리베이터에서 내렸다. 누가 봐도 둘은 부부처럼 보였다.

"오늘 아침부터 호강합니다. 여기 주민들은 제가 아름다운 부인과 산책한다고 볼 거예요."

"곧 그렇게 될 거예요."

9층 1호실의 문을 열고 상범은 혜순을 집안으로 안내했다. 혜순은 걸음을 옮기며 탄성을 질렀다.

"그저 그렇지요. 이 아파트 단지에서 제 집은 수수한 편이에요."

"저는 이렇게 큰 아파트는 처음 봐요."

혜순은 상범이 안내하는 대로 뒤를 따랐다. 방을 둘러보면서 감탄의 소리를 연발하였다. 상범은 거실 소파에 앉아서 피곤한 듯 잠시 눈을 감았다. 혜순이는 거실과 부엌, 서재와 객실까지 돌아보면서 즐거워했다. 옷장도 열어보고 부엌의 냉장고와 찬장까지도 다 열어보았다. 그리고 간혹 불평하듯 혼잣말로 중얼거렸다. 냉장고에는 먹다만 물병만 있고 식품 재료라곤 아무

것도 없었다. 옷장에는 양복과 검소한 옷가지만 몇 벌 걸려 있었다.

침실의 이부자리뿐만 아니라 거실의 가구나 소파 등은 최고의 제품들이었다. 서재 겸 회의실로 사용하는 방에는 법률 서적을 비롯하여 방 가득 책으로 채워져 있었다. 그러다 혜순은 방마다 벽에 걸린 풍경화를 보고 놀랐다. 여러 작가의 작품이 아니라 한 사람의 작품이었다. 그림 맨 밑에는 영어로 'Soon'이라는 사인이 있었다. 혜순은 소파에서 자고 있는 상범의 입에 살며시 입을 맞추었다.

"집안에 걸려 있는 그림들이 모두 한 사람의 그림이네요."

"맞아요. 나와 같이 살고 있는 그림입니다."

상범은 방안에 걸려 있는 두 그림을 그리운 표정으로 보며 눈을 떼지 않았다.

"순Soon이 누구예요?"

"나와 결혼식을 올렸던 아내, 순희 씨에요."

순간 상범의 눈에 눈물이 고였다. 혜순이 물었다.

"보고 싶으세요?"

"많이요. 아주 많이 보고 싶고 그리워요."

"결혼식 올리고 돌아가셨다는 소문을 들었는데……
맞아요?"

"자살했어요. 테러를 당해서 실명되고 얼굴에 큰 상
처를 입었어요."

혜순은 상범의 결혼식장에서 일어난 비극의 얘기를
듣고 그녀가 가여워서 훌쩍거렸다.

"그런데 왜 자살했을까요?"

"그 사람은 화가였어요. 화가가 눈이 멀었으니 그림
을 그릴 수가 없지요. 얼굴의 화상은 심각했고…… 자
기가 없어야 내가 좋은 사람을 만날 거라고 여겼나봐
요."

두 사람은 한참 눈물을 흘리면서 비운의 여인이 남
기고 간 그림을 바라보았다.

뜨거운 눈물

한 달 동안 둘은 부쩍 가까워졌다. 그 사이 혜순의 독창회도 성황리에 막을 내렸다. 혜순은 주에 2-3회는 상범의 아파트를 찾았다. 늘 혼자이던 공간을 혜순이 채우는 것을 상범은 싫지 않았다.

　"선생님을 만나지 못한 날은 쓸쓸하고 슬퍼요."

　"혜순 씨가 매일 와도 좋아요. 그러면 나는 행복해요."

　"제가 자주 오면 선생님 체면에 손상을 입히지 않을까요."

　"나는 아내와 가족이 없는 사람입니다. 나와 혜순 씨는 이제 남의 눈치를 보며 살 사람들이 아닙니다."

혜순은 상범의 가슴에 얼굴을 묻고 흐느꼈다.

"저를 이해해 주고 버릇없는 응석까지 받아 주셔서 고맙습니다."

"숙명인데요. 나와 혜순 씨는 이 숙명에서 벗어날 수 없어요."

상범은 혜순을 품에 꼭 품어 주었다.

"혜순 씨, 내가 대담해졌지요? 그리고 덕분에 예의와 교양도 다 잃어버렸어요."

혜순은 부끄러운 듯 얼굴이 붉어졌다.

"혜순 씨의 언행에 깜짝깜짝 놀라면서도 그게 은근히 재밌고 좋네요. 마흔이 넘은 나 같은 사람을 좋아하는 혜순 씨가 정말 고맙고 좋습니다."

상범은 마음에 담아 두었던 진심을 털어놓았다. 혜순은 울컥 울음이 터져나올 것만 같았다. 자신을 은근히 좋아한다는 그의 고백에 감사한 마음이 피어올랐다. 혜순은 지긋이 눈을 감고 있는 상범의 입술을 더듬어 입을 맞추었다. 상범은 입술의 감촉을 통해 이성에 대한 정신적 연정을 느꼈다. 여인을 사랑해본 적도 있었고 뜨거운 사랑을 받아 본 적도 있었다. 그러나 상범은 결혼 전엔 어느 여인과도 육체적 접촉이 있어서는 안 된다고 믿어왔다. 이 부분에 있어서 그는 고집이 강했고 도덕적으로 이탈하지 않았다. 혜순이 아파트에서 몇 번이나 자고 가겠다고 졸라도 상범은 절대로 동의하지 않았다. 밤이 늦어도 혜순이가 돌아갈 때 아파트 출입문까지 따라 나와 배웅을 했다. 혜순은 그런 상범에게 야속한 마음이 들어 눈물을 머금고 귀가를 해야만 했다.

"선생님, 우리 결혼해요!"

"언제요?"

"빠른 시일 안에요."

상범은 짓궂게 웃었다.

"그러면 부모님의 허락을 받아와요."

"벌써 받아놨어요."

"내 동의도 얻지 않고 허락을 받다니요?"

"네, 우리 부모님을 처음 만나서 인사하시던 날 바로 받았어요."

"늘 처음에 모든 걸 바로 하시는군요! 그런데 나하고 결혼하고 후회하지 않을까 걱정입니다."

"절대요."

"한 가지 조건이 있어요. 내가 주장하는 조건을 들어준다면 결혼할 것입니다."

혜순은 불안한 얼굴로 그 조건을 듣고 싶다고 했다.

"내 말 잘 들으세요, 혜순 씨. 우리 결혼식엔 가족만 오도록 해요. 미안하지만 나는 전에 혼인의 경험을 가진 사람이고 아내를 잃었어요. 그런 내가 재혼식을 한다고 어떻게 세상에 알려요. 내가 뻔뻔한 사람이 되지요."

혜순은 동의한다고 하면서도 무척 서운하고 섭섭한 마음으로 울고 싶었다. 자신은 잘 생긴 남편을 많은 친지들에게 자랑하고 싶었다. 하지만 서운한 마음도 잠시 드디어 평생을 함께할 정혼자가 생겼다는 사실에 둘의 시간은 속절없이 지나갔다.

결혼식은 상범이 원하는 대로 가족과 아주 가까운 친척만이 참석한 가운데 조촐하게 거행하였다. 혜순은 첫날밤을 상범의 아파트에서 보냈다.

"혜순 씨, 신혼여행을 못가서 아쉽지 않아요?"

"아니요. 오페라 공연차 외국을 많이 가보았는데 집이 더 좋아요."

"고마워요. 사실 우리 아파트가 외국 호텔보다 좋지요."

"그런데 한가지 마음에 걸리는 것이 있어요."

"무엇이 마음에 걸려요?"

"방마다 걸려 있는 그림이요. 아름답지만 약간 무서워요. 나 혼자 부엌에 있으면 혼령이 나타나는 느낌이 들어서 겁이 나요. 아픈 사연으로 자살한 사람이 그린 그림이라서 그런지 밤에는 쳐다볼 수가 없어요."

혜순의 어두운 표정 앞에서 상범은 신혼의 꿈이 달콤하지 않았다. 상범은 시무룩한 얼굴로 방안의 그림을 바라보았다. 순희가 전시회에서 호평을 받은 작품들이고 애호가들이 구입을 간청했지만 팔지 않고 간직한 것이었다. 이 그림들을 모아 개인 미술관을 만들 생각까지 했던 것이다.

"미안해요. 당분간 친정에 갔다 올게요."

혜순은 뜸들이는 상범을 탓할 수 없다는 것을 누구보다 잘 알았다. 그에게도 스스로 생각하고 결정할 기회를 줘야 한다고 믿었다. 다음 날 상범은 전 아내 순희의 그림을 전부 회사 창고로 옮겼다. 순희에게 미안하고 마음이 슬펐다. 그리고 세상을 떠난 순희가 새삼 그리웠다. 혜순도 이런 마음을 모르진 않을 거라고 여겼지만 각자의 시간을 갖는게 필요했다.

혜순이 친정에 가서 이틀이 지났는데도 돌아오지 않았다. 어머니가 몹시 아프다는 이유였다.

"일하는 할머니가 계시지만 제 손만큼 어머니 간호를 잘 못해요. 하루 이틀 더 있다 갈까 하는데…… 이해하시지요.?"

"신경 쓰지 말고 잘 해드리세요. 내일 나도 가볼게요."

호탕하게 허락했지만 혜순이 없으니 쓸쓸함이 파도처럼 몰아쳤다. 순희 그림들이 걸렸던 빈 자리가 더 크게 보였다. 혜순도 없고 순희 그림을 전부 치우고 나니 집안이 텅 비어서 마음이 울적해졌다.

가사 도우미가 거실로 들어온 건 그때였다. 평소와 같은 상황이라면 상범과 도우미 아줌마는 별로 마주칠 일도 없었다. 혜순의 지인이 소개해 준 사람이라 훨씬 조심스러웠다. 혜순은 그녀를 '수원 언니'라고 부르며 다정한 자매처럼 지냈다. 관계가 있는 사람이라 처음엔 불편한 마음이 컸지만 이를 감수할 만큼 음식 솜씨가 뛰어났다. 수원댁은 상범이 시키지도 않은 커피를 끓여왔다.

"혜순 씨가 없어서 불편하시지요?"

"하루이틀이면 돌아올 텐데. 괜찮습니다."

"제가 해드리는 음식이 입에 맞으세요?"

"네, 아주머니 음식 솜씨가 좋아서 밖에 나가서 사 먹고 싶은 마음이 안 들어요."

가사 도우미지만 요리학교를 졸업하고 대형 식당에서 주방일을 한 경험이 있기에 상범 내외는 외식을 할 필요가 없었다. 수원댁은 평소에 상범 구미에 맞도록 식탁을 준비했다.

"회장님, 혜순 씨가 돌아오면 저는 회장님 댁에서 나가야 할 것 같아요. 혜순 씨가 저보고 일 못한다고 불평을 많이 합니다."

그녀의 목소리에는 약간 울음이 섞여 있었다.

"그 걱정에 요즘 통 잠을 이루지 못 했어요. 찬장에 포도주라도 마시면 나아지곤 했습니다. 회장님 덕분이지요…… 혹시 한 잔 따라드릴까요?"

수원댁이 상범의 표정을 살폈다.

"적적한데 한 잔 하지요."

상범은 피곤하거나 잠이 오지 않을 때 포도주를 마시는 편이었다. 수원댁은 상범이 포도주를 마시는 것을 알고 있었다. 그녀는 숨겨 두었던 수면제를 술에 타서 상범에게 주었다. 그때 혜순에게서 전화가 왔다. 상범은 단숨에 포도주 한 잔을 들이켰다.

"어머니 병환이 더 나빠졌어요. 내일 큰 병원으로 모시고 가서 입원하셔야 될 것 같아요."

상범은 답답한 마음에 식당으로 들어갔다. 수원댁은 상범이 들고 있는 빈 잔에 포도주를 가득 부었다.

잠옷 바람에 마주 서 있는 수원댁 앞가슴이 유난히 부풀어 있었다. 상범은 자신도 모르게 그쪽으로 간 눈길을 거두며 식탁 의자에 앉았다.

"그러고 보니 우리집에 들어온 지 일년이 다 됐지요. 한 식구나 마찬가진데 한 번도 말을 주고받은 일이 없었네요. 덕분에 오늘 이렇게 같이 한잔하네요."

전에는 몰랐는데 수원댁은 몸의 굴곡이 풍만하고 뚜렷했다. 수원댁이 포도주를 한 잔 마시고는 입을 열었다.

"오늘 제가 버릇없이 행동한다고 야단치지 마세요."

"야단칠 일이 없어요. 취하지 않을 정도로만 마시세요."

"사람이 혼자 쓸쓸히 살아간다는 것이 여간 힘들지 않아요. 고독감에서 벗어나지 못하면 우울증에 걸리지요."

"한참 젊으신데 재혼하시면 고독감이 사라질 텐데요."

"재혼이요? 절대로 안 합니다."

"수원댁은 아직 젊고 음식 솜씨도 일품인데 왜 자신을 학대하세요."

"결혼생활이 지긋지긋했어요."

상범은 졸음이 온다고 말하고 슬며시 눈을 감고 입을 다물었다. 수원댁이 상을 치우고 상범을 부축해 침실로 안내했다. 그는 곧 깊은 잠에 들었다. 수원댁이 말을 걸어봤지만 반응이 없었다.

그녀는 상범의 양말부터 벗기더니 속 내의와 팬티까지 벗기고 알몸을 만들었다. 욕실에 들어가 수건을 물에 적셔와서는 상범의 아랫도리를 말끔히 닦았다. 그녀는 옷을 홀딱 벗고 상범의 옆에 누웠다. 불을 환하게 밝힌 채 자신의 입술을 상범의 입술에 포개며 알몸을 어루만졌다. 전 남편에게도 그녀는 자주 특이한 성 관계를 요구했으나 충족되지 않았다. 그녀는 알몸이 된 상범을 바라보면서 혼자 중얼거렸다.

"그리스 로마 남성의 조각상이 눈 앞에 있네!"

그러나 상범의 그곳이 죽어 있어서 애가 닳았다. 그의 체취가 그녀를 매우 흥분시켰다. 잘못되어 쫓겨나는 한이 있어도 한번은 시도를 해야겠다고 마음먹고 그녀는 상범의 그곳을 일으키려고 갖은 애를 썼다. 당초 수원댁은 돈 많은 남자가 필요했다. 앞으로 상범이 꼼짝도 못하도록 손아귀에 넣고 싶었다.

상범은 깊은 잠에서 조금씩 의식이 돌아오는 것을 느꼈다. 눈을 떠보니 자기 아내가 아닌 여인이 침상에서 자신의 알몸을 애무하고 있었다. 상범은 침대에서 후닥닥 일어났다. 자기 곁에 있는 여인은 실오라기 하나 걸치지 않은 상태였다. 그는 정신이 바짝 들어서 반사적으로 베개를 집어 자신의 아래를 가리며 물었다.

"뭐하는 짓입니까! 누가 내 옷을 이렇게 벗겼지요?"

"회장님 스스로 벗었어요. 회장님이 취해서 내 옷도 강제로 벗겼어요. 내가 싫다고 반항했지만 회장님 완력엔 당해낼 수가 없었어요."

"포도주 한 잔에 왜 이렇게 내가 아무것도 기억하지 못할까요? 내가 강제로 옷을 벗겼다면, 수원댁은 내가 잠들었을 때 옷을 입고 방을 나갔어야 맞겠지요. 그런데 왜 그러고 있었나요?"

상범은 서둘러 옷을 입고 냉정하게 말했다.

"이 방에서 나가세요. 이건 실수로도 있을 수 없는 일입니다."

수원댁은 화난 얼굴로 표독스럽게 말했다.

"흥, 혜순 씨가 돌아오면 내 말을 믿을지 회장님 말을 믿을지 두고 보세요."

"왜 이런 짓을 하는 거예요? 도대체 원하는 게 뭡니까?"

"냉정한 사람 같으니, 그것도 몰라요? 남녀가 이부자리에서 옷을 벗었으면 남자 구실을 해야지요!"

"수원댁, 당장 이 집에서 나가세요! 저를 더는 바보 취급하지 마세요!"

그녀는 독기 서린 눈으로 상범을 노려보고는 방문을 쾅 닫고 나갔다.

"부인이 돌아오면 이 순간을 후회할 거예요."

다음 날 상범은 회사에 출근해서도 기분이 상해서 일이 손에 잡히지 않았다. 그는 처가에 가있는 아내에게 전화를 걸었다.

"여보, 장모님 병환은 어떠신지요?"

"네, 기력을 많이 회복하셨어요. 큰 언니가 온다니 교대하고 저녁에 집에 갈게요."

"여보, 집에 오기 전에 나하고 밖에서 만나서 얘기 좀 합시다."

"왜요?"

"그런 사정이 있어요. 만나서 얘기 할게요."

밖에서 혜순을 만난 상범은 간밤에 일어났던 일을 하나도 빠짐없이 다 털어놓았다.

"수원댁이 당신을 유혹했다는 말이 믿어지지 않네요."

"나도 같은 생각이에요. 당신을 봐서라도 나를 유혹해서는 안 되지요."

혜순이는 혼란스러웠다. 가장 가까운 친구의 언니이고 비록 이혼녀라고 하지만 자신의 남편을 유혹했다는 것은 언뜻 납득이 되지 않았다. 두 사람은 저녁밥을 시켜 먹었으나 모래알을 씹는 기분이었다.

"잠시 아파트에 갔다 올게요. 당신이 없는 게 말할 때 수월하니 내가 수원 언니 혼을 내고 그만 나가 달라고 할게요."

"조용히 타일러 내보내도록 해요. 그리고 호텔로 돌아와요."

혜순이가 집으로 돌아오자 수원댁은 웃으면서 반겼다.

"언니…… 어제 우리 남편 무슨 일이 있었수?"

"아니, 아무 일도 없었어. 좀 피곤하다고 하시면서 포도주 한 병을 다 마시고 일찍 주무셨어. 그런데 왜?"

수원댁은 긴장된 표정이었다. 답답했지만 혜순은 차마 남편한테서 들은 말을 입밖에 낼 수가 없었다. 잠시 두 사람 사이에 대화가 끊겼다. 혜순은 침을 삼키고 잠시 천정을 응시하고 말을 잇지 못했다. 가사 도우미 수원댁은 답답하다는 듯 톤을 올렸다.

"왜 말을 하다 말어. 얘기해봐!"

"언니, 내 남편 앞에서 옷을 홀랑 벗었수?"

"뭐라고? 내가 회장님 앞에서 홀랑 옷을 벗었냐고?"

"그래요."

"회장님이 미쳤나? 어떻게 그런 거짓말을 할 수 있지!"

"정말 그런 일 없었수?"

수원댁은 분하다는 말을 토해내면서 울먹였다.

"난 남편과 헤어진 지 5년이 넘었지만 한 번도 재혼할 생각은 없었어. 혜순이가 간청하는 바람에 여기 오기 싫었지만 결국 내 고집을 꺾고 여기 온 거야. 회장님께 해를 끼친 일이 없는데 왜 나를 모함하려 들지?"

수원댁은 짐을 챙기기 시작했다. 다짜고짜 혜순과 상범이 자신에게 꼭 사과해야 할 것이라고 악을 쓰며 떠났다. 상범은 내가 그녀의 유혹에 넘어가지 않았으면 좋았을 텐데, 하며 후회했다. 일이 걷잡을 수 없어지자 아내에게 폭로한 것도 후회스러웠다.

그러나 수원댁을 용납할 수는 없는 일이었다. 혜순도 잠이 오지 않았다. 수원댁은 남편하고 마주 앉아 말한마디 나눈 적이 없다고 하는데 남편은 그녀가 눈앞에서 알몸으로 시위를 했다니 누구 말이 사실인지 짐작이 가지 않았다. 두 사람 중 한 사람이 거짓말을 한 것만은 엄연한 사실이었다. 거짓말을 했다면 왜 그런 거짓말을 했을까…… 혜순은 생각할수록 미칠 것만 같았다.

밤이 되면 잠이 오지 않았다. 혜순은 시간이 흐를수록 우울증에 시달렸다. 혜순은 학교에 나가 학생들을 지도할 수 없어서 결국 대학에 휴직계를 제출하였다. 혜순이 남편에게 각방을 쓰자고 제안하였다.

"여보, 당분간 우리 각방을 써요."

"당신…… 나를 의심하는군요."

"그런 건 아니에요. 당신을 생각하면 언니가 거짓말을 한 것 같고 언니를 생각하면 당신이 거짓말을 한 것 같아서 내가 미칠 것 같아요. 미안해요."

혜순은 휴직이 됐으니 친정에 가서 휴식을 취할 셈이었다. 상범은 곧게 살아오면서 날벼락을 맞은 기분이라 회사에 나가서도 일에 집중할 수가 없었다.

갑자기 수원댁이 혜순을 찾았다. 사실을 말하고 진심으로 사과라도 할 것인지 기대한 일은 큰 오해였다.

수원댁은 상범과 혜순을 고소하겠다고 전했다.

"너를 봐서라도 참고 지나갈까 생각도 했지만 박 회장의 소행이 너무나도 괘씸해서 참을 수가 없어!"

혜순은 수원댁이 보여주는 고소장 사본을 보고 크게 당황하였다. 자신의 언행이 일을 그르쳤다는 데에 생각이 미쳤다. 혜순은 수원댁을 붙잡고 애원했다.

"나를 봐서라도 고소는 하지 마세요. 대신 내가 사과하고 용서를 빌게요."

"내가 정신적으로 받은 충격을 어떻게 보상해? 무슨 수로 보상해? 물질로 보상할 문제가 아니야."

혜순은 울면서 수원댁에게 용서해 달라고 매달렸다. 아파트 문 밖에는 건장한 중년의 남자가 수원댁을 기다리고 있었다. 중년 남자는 우락부락하게 생겨서 인상이 험악했다. 수원댁은 소개도 시켜 주지 않고 외숙이라는 남자를 따라 차에 올랐다. 그는 혜순을 향해 뒤따르지 말라는 손짓으로 제지를 하고 차를 몰고 떠났다. 혜순은 수원댁이 탄 차가 시야에서 사라질 때까지 넋을 잃은 사람처럼 멍하니 서 있었다.

혜순이 집에 들어와서 수원댁이 사용하던 방문을 열었다. 침대 위에 수원댁이 써놓은 한 통의 편지가 보였다. 그녀는 떨리는 손으로 편지 겉봉을 뜯었다.

혜순에게는 정말 미안해. 박 회장은 겉으로는 신사 같으나 속은 정말 악마 같은 사람이라서 앞으로 다른 여성들이 나 같은 피해를 입지 않토록 검찰에 고소할 수밖에 없어.
수원 정희가.

혜순은 편지를 들고 멍하니 천정만 바라보았다. 남편이 들어오는 소리가 들리자 그녀는 허둥대며 편지를 침대 밑에 숨겼다. 상범은 아내의 거동이 수상쩍어 보였다. 거실 탁자 위에 두 개의 찻잔이 놓여있었다.

"누가 다녀갔어요?"

상범은 아내에게 물었다.

"아니요."

"탁상 위에 찻잔 두 개가 보여서 물었어요."

혜순의 얼굴이 약간 굳어졌다. 그리고 남편에게 물었다.

"수원댁이 나간다고 하는데 당신 마음에 혹 짚이는 일이 없어요?"

"혹 나 때문에 간다고 해요? 나는 그 여인한테 책 잡힐 일을 하지 않았다는 것만 알아줘요."

"당신 말씀대로라면 안심이 되는데요. 내가 듣기에는 매우 심각해요."

상범이 짜증스러운 표정을 보여서 혜순은 남편의 안색을 살피다가 할 말을 삼켜버렸다. 잠시 침묵이 흐르고 둘 사이의 공기는 냉냉하였다.

"내가 무슨 짓을 했다 합니까? 답답하니 내용을 말해봐요."

혜순은 대답 대신 수원댁이 사연을 써놓고 간 종이를 내보였다. 종이를 읽어 나가는 상범의 얼굴이 굳어졌다.

"세상에 보기 드문 악녀를 만났구만. 전혀 나에게 해당되는 일이 아닙니다."

"수원댁이 검찰에 고소하고 신문 방송에 당신이 수차례 가정 도우미를 성폭행했다는 기사가 나가는 날에는…… 회사 내에서 시끄러운 소동이 벌어질 것이고 회사의 주식값이 폭락할 거예요."

"그래, 당신은 날 보고 어찌 하라는거요?"

"우선 급한 불은 꺼야죠. 당신의 명예와 회사의 주가 하락을 막아야지요."

"우리가 그녀에게 돈을 주고 고소 취하를 제안하면, 결국 내가 했다는 것을 시인하는 꼴이 됩니다."

"지금으로선 그게 이 문제를 해결하는 가장 적합한 방법입니다."

"혜순 씨, 나는 그녀와 어떠한 관계도 가지지 않았어요. 고소하려면 고소하라고 하세요. 당신은 내가 마치 그녀와 통정을 했거나 성폭행을 한 사람처럼 의심하는데 나는 그녀를 용서 못해요."

"이 일이 사실이라면 나는 앞으로 대학에서 가르칠 수가 없어요."

눈을 감고 조용히 말을 듣던 상범은 웃으면서 혜순

에게 한마디 했다

"당신은 나를 수원댁을 성폭행한 범인으로 여기고 있어요. 내가 정반대 입장에서 모함을 받는다고 생각해 본 적은 없나요?"

"소문이 퍼지기 전에 돈으로 고소를 못하도록 진정시켜 봐요. 대원그룹은 세계적인 제약회사입니다. 신임 회장이 가사 도우미를 성폭행했다는 내용이 신문 뉴스에 대서특필되면, 그 충격을 어떻게 버티려고 그러세요?"

"나는 아내 외에 다른 여인하고 관계를 가진 적이 없어요. 도우미 아주머니가 무슨 흉측한 계획과 음모로 나를 고소한다면 그는 무고와 명예훼손죄로 구속되어야 할 거예요."

상범은 흥분한 듯 말을 이어갔다.

"당신은 아내로서 나의 결백은 믿지도 않고 도우미의 일방적 궤변을 믿고 나를 마치 성폭행범으로 몰아가고 있잖아요. 그런 당신에게 실망이 커요."

다음 날, 혜순은 이러지도 저러지도 못하고 발만 구

르다가 가장 믿을 만한 분인 이 회장을 찾아갔다. 그리고 이 사실을 알리고 무마와 수습을 간청하였다. 이 회장은 혜순에게 너무 겁먹고 당황하지 말라고 위로했다.

"박 회장은 변호사란다. 법을 공부한 사람이야. 나는 박 회장을 어려서부터 봤고 그를 잘 알고 있다. 그는 절대로 그런 짓을 할 사람이 아니다."

이 회장의 설득에도 혜순은 급히 친정에 부탁해서 거금을 만들었다. 수원댁이 검찰청에서 고소장 접수 직전, 회유를 위해 10억을 넣은 봉투를 전달했다. 돈으로라도 고소장 제출을 막는 게 혜순으로서는 급선무였다. 수원댁은 사양하면서 돈봉투를 혜순에게 돌려줬다. 혜순은 다시 봉투를 수원댁에게 건네면서 애원했다.

"언니, 이걸 안 받으면 난 죽을 거야. 수표 이면에는 내 필적으로 서명했어."

"내가 거절하면 혜순이가 죽는다니 내가 당분간 보관할게"

일주일 후, 혜순은 수원댁의 전화 연락을 받았다. 결국 고소장을 검찰청에 접수시켰다는 내용이었다.

"언니, 어떻게 그럴 수 있어? 10억이 적다고 생각되면 위로금을 더 드릴게요."

수원댁은 전화를 끊어버렸다. 통화가 되지 않았다. 여러 번 전화를 걸었으나 아무 소용이 없었다. 혜순은 야속하고 억울해서 울부짖었다. 얼마 지나지 않아 대원그룹의 박 회장이 성폭력으로 고소를 당했다는 기사가 전국으로 퍼져나갔다. 임직원들이 쑥덕거리기 시작하고 장안의 큰 화젯거리가 되었다. 대원그룹의 주가도 곤두박질쳤다. 이 회장은 고민 끝에 박 회장을 집무실로 호출했다.

"박 회장, 검찰에서 소환했다며."

"네, 다음 수요일에 오라고 합니다."

"박 회장, 걱정 말게. 자네 결혼 전에 말이야, 아파트에서 회장 혼자 사는 게 마음이 놓이질 않아서 내가 CCTV를 현관과 방에 설치한 적이 있었어. 그때는 자네가 슬픔에 겨운 나머지 위태위태했거든."

"그런데 왜 저한테 말씀하지 않으셨어요?"

"미안하네. 자네한테 말하면 자네를 감시하는 것으로 오해할 것 같아서. 나는 자네를 보호할 생각에서 설치했지. 하나 남은 딸을 잃은 마당에 자네까지 잃고 싶지 않았네."

"고맙습니다. 저는 알 길이 전혀 없었네요."

"검찰에 출두하기전에 CCTV를 한번 보자고. 도움이 될만한 증거가 나오지 않겠나."

기대치도 않은 도움에 박 회장은 그 자리에서 무릎을 꿇고 큰절이라도 올리고 싶었다.

"장인어른, 정말 감사합니다."

박 회장의 입에서 장인이라는 호칭이 정말 오랜만에 들려왔다.

이 회장과 상범은 이층에 설치한 CCTV에서는 별다른 영상을 볼 수 없었다. 부엌과 상범의 침실에 설치한 CCTV를 면밀히 살펴봐야 했다. 상범은 그날의 장면을 이 회장과 같이 마주하자니 고개를 들 수 없었다.

그러다 이 회장의 눈이 커졌다.

"저…… 저게 뭔가?"

부엌에서 수원댁이 상범의 포도주 잔에 흰 가루를 털어 넣는 장면이 포착되었다. 그리고 잠에 취해 거동이 부자연스런 상범을 침실로 데리고 가서는 눕혔다. 다음엔 상범의 옷을 벗기고 온몸을 만지기 시작했다. 상범은 깊은 잠에 빠진 듯 움직임이 없었다. 상범이 깨어나는 장면까지 영상은 그날의 시간을 고스란히 기록하고 있었다. 상범은 수원댁의 악행이 담긴 그 증명 자료를 아내인 혜순에게 보여주었다.

혜순은 다음 날 아침 그 자료를 검찰에 제출했다. 돈을 노리고 자행한 수원댁의 범죄 행각이 밝혀지면서 언론에 박 회장의 결백이 보도되었다. 박 회장은 혜순과의 관계를 고려해 고소를 취하하겠다는 입장을 전달했다. 언론은 박 회장이 용서했다는 사실까지 아주 상세하게 보도했다.

"여보, 고마워요. 수원 언니가 몹시 괘씸하지만 나를 봐서 용서해준 당신의 너그럽고 따뜻한 아량에 감복했어요."

"혜순 씨, 이 세상 못 믿을 사람이 많지만 당신만은 나를 믿어 주세요. 혹시 나를 의심했나요?"

"반신반의했어요."

"그 여인으로 인해 우리 회사의 주가가 떨어지고 나의 명예와 체면은 땅에 떨어져서 인사도 하지 않는 사원도 있었어요."

"정말 죄송해요. 내가 사람을 잘못 소개해서 회사와 당신이 큰 손실을 보고 봉변을 당한 것을……."

"괜찮아요. 수원댁을 용서한 것은 당신을 위해서요. 나도 한 가지 당신을 미심쩍게 보던 사실이 있는데, 들어주겠어요?"

"네, 말씀해보세요."

"혜순 씨는 일요일 오전에 나와 함께 교회 예배 마치고 이따금 혼자 어디를 가세요?"

"용인 천주교 묘지에 갔지요. 진선 씨와 자연 씨를 성묘했어요. 그리고 순희 씨의 묘에도 찾아가고요."

혜순의 입에서 옛 여인들의 이름이 줄줄이 나오자

상범은 잠깐 눈앞이 아득해졌다. 더욱이 자기도 모르게 그 먼 곳까지 찾아가 성묘를 했다는 게 믿기지 않았다.

"아니, 어떻게…… 그런 일을?"

"두 분은 다 회장님과 결혼할 수 있는 사이였고, 한 분은 결혼식까지 올렸는데 세상을 떠나면서 부부의 연을 맺지 못했잖아요."

"맞지만, 사실 세 사람은 혜순 씨와 아무런 관계도 없어요. 그런데도 성묘를 매달 하셨다고요?"

"왜 관계가 없어요. 그분들이 일찍 떠나셨기에 제가 회장님의 아내가 되었는데요. 무엇보다 그분들은 가련하잖아요. 누군가 그분들의 명복을 빌고 기도하는 게 그렇게 이상한가요."

상범의 목울대를 타고 뜨거운 눈물이 넘어갔다. 그들은 인생의 가장 행복한 순간에 온전히 사랑하지 못하고 불행으로 삶을 마감한 가여운 사람들이었다. 아무런 잘못 없이 쫓기듯 억울하게 세상과의 연이 끊어지며 사랑의 끈까지 떨어진 사람들이었다.

"혜순 씨, 참으로 착한 분입니다."

"다른 사람은 몰라도 저는 알아요. 회장님은 그분들을 가슴에 품고 살아오셨잖아요. 제가 회장님을 품고 있으니 그분들도 제 가슴 한쪽에 품은 것이지요."

"혜순 씨 진심으로 고마워요. 당신은 자비롭고 고귀합니다. 덕분에 그 분들은 다행히 천국에서 편안하실 거예요. 늘 이 세상을 일찍 떠난 그 분들을 위해 기도합시다."

박 회장과 혜순은 눈물을 흘리면서 서로를 품에 꼭 안았다.

장충식張忠植

1932년 중국 텐진(天津) 출생
저서로 대하소설 『그래도 강물은 흐른다』(전 5권), 『아름다운 인연』[麗しき絆(일어판),
Hermosos lazos(스페인어판), *A PREDESTINED ENGOUNTER*(영어판)], 자서전
『시대를 넘어 미래를 열다』 외에 수필집 『위대한 유산을 위하여』, 『착한 이들의 땅』, 『큰
삶 작은 이야기』, 『마지막 남은 한 길』과 수상록 『생각하는 사람에게 길이 있다』, 아내
신동순(申東順)과 주고받은 편지를 결혼 60주년을 맞이하여 펴낸 서한집 『다시 태어나도
오늘처럼』 등이 있으며, 『동서양 문화사』, 역서 『감방의 소리』가 있다.

눈물

2021년 12월 20일 초판 인쇄
2021년 12월 25일 초판 발행

지은이 _ 장충식
펴낸이 _ 김수복
기   획 _ 김남필
편   집 _ 성두현
마케팅 _ 김민배
펴낸곳 _ 단국대학교출판부
등   록 _ 1968.2.27 : No. 제03-00095호
주   소 _ 경기도 용인시 수지구 죽전로 152
전   화 _ 031-8005-2405
팩   스 _ 031-8021-7154

값 15,000원

ISBN 978-89-7092-778-7 03810

『그래도 강물은 흐른다』(전 5권)

권수만 많다고 다 대하소설일까. 아니다. 당연히 '작품이 되어 있어야 한다.' 그 냉정한 평가는 모든 예술작품이 거쳐야 하는 숙명적이고 운명적인 과정이다. 그런데 『그래도 강물은 흐른다』는 그 비판의 날카로운 숲을 피 한 방울 흘리지 않고 깨끗하게 통과했다.

- 조정래(소설가)

『그래도 강물은 흐른다』는 허구와 사실을 엮어 다채로운 에피소드를 사실적으로 형상화하고 있다는 점에서 대하적 역사소설로서 그 가치를 높이 평가할 수 있다. 주인공이 격정의 시대를 거쳐 삶의 의미와 사랑의 가치에 대한 차원 높은 인식에 도달하게 되는 과정을 놓고 보면 '교양소설'로서의 의미와 그 서사적 미학의 성과를 확인할 수 있다.

- 권영민(문학평론가)

『그래도 강물은 흐른다』에는 항일 독립운동가의 후손으로 한일 양국의 현재와 미래를 개선하려는 필자의 의지가 엿보인다. 교육자로서 그리고 역사를 전공한 이답게 국제관계를 폭넓게 조망하려는 의도라든가, 현실적 이해관계를 떠나 인간애를 추구하는 저자의 인도주의적인 정신에 공감하는 바가 크다.

- 송인상(전 재정경제부 장관)